中小・ベンチャー企業のための

成功するM&A 失敗するM&A

仙石 実

南青山アドバイザリーグループCEO 公認会計士・税理士

青木仁志

アチーブメント株式会社 代表取締役会長 兼 社長

ACHIEVEMENT PUBLISHING

はじめに

アチーブメント株式会社 代表取締役会長 兼 社長
アチーブメントグループ CEO
青木 仁志

現在、日本の中小企業が直面している大きな課題の一つが、経営者の高齢化です。中小企業庁によれば、２０２５年までに中小企業経営者の約6割（２４５万人）が70歳を超え、その約半数の１２７万社は後継者が未定。それにより60万社が、黒字にもかかわらず廃業の危機に追い込まれています。数字上の話にはなりますが、このまま推移すれば、２０２５年までに累計約６５０万人の雇用、約22兆円のＧＤＰ（国内総生産）が失われる可能性があるということです。

高齢になり引退を望んでいても、家族や親族、従業員に後継者がいないがために、引退できないまま事業を継続している経営者が多く存在します。そこで近年、後継者問題解決の有効な手段として前向きに検討されるようになったのが、「事業承継型M&A」です。事業承継型M&Aは、譲渡側（売り手）が抱える後継者問題を解決できるだけでなく、雇用の確保や、創業以来培ってきた信頼と実績の持続にもつながります。譲受側（買い手）には、相手先の成熟したノウハウと実績、人材を短期的に獲得できるので、新規事業を合理的に始められるというメリットがあります。

本書では、M&Aを事業承継の選択肢の一つとして考える「対症療法」的アプローチにとどまらない、未来に向かう前向きな事業の成長戦略としてのM&A、すなわち、経営の目的を実現する手段としてのM&Aについて、多面的かつ本質的に考えていきます。

M&Aをポジティブに捉える気運の高まりを背景に、多くのM&A関連本が出版されていますが、実際にはM&Aの成功確率はわずか3割と言われています。なぜ、M&Aは3割しか成功していないのでしょうか。本書では、この問いに真正面から向き合い、答えを導き出します。

M&Aに必要なスキルやノウハウを学び実践するだけでは、M&Aの成功は望めません。この本は、対症療法ではなく、「本来、M&Aとはどういうものなのか」という問いに向き合う、いわば「原因療法」的アプローチ（ノウハウやテクニックではなく本質論）によるM&Aについて書いています。

「M&Aとは何か？」を問うことは、「経営とは何か？」と問うことです。現在、官民が取り組んでいる中小企業M&A推進の本質的な課題は、「経営とは何か？」という深いレベルの話なのです。ですから本書では、M&Aを成功させるために「経営とは何か？」を明らかにしていきます。

経営とは何か？

企業の大小、社歴の深浅を問わず、経営者であれば一度ならず自問されたことでしょう。この本では、大上段に構えた「あるべき論」を語るつもりはありません。私は1987年、32歳のときに会社を興して以来、ずっと「経営」と向き合ってきました。創業当初は「仕事の中に人生があるのか、それとも人生の中に仕事があるのか」と問われれば、「仕事の中に人生がある」と答える日々を過ごしていました。そうしなければ生き残れませんでした。そして現在の私は、「人生の中に仕事がある」と言える人生を送っています。その生き方の軌跡から、経営とは何かという問いへの答えが導かれたことを明らかにしていきます。

36年間会社を経営し、能力開発のプロとして47万人を超える人財を育成し、7000名以上の中小企業経営者教育に従事してきたので、中小企業経営者のご苦労はよくわかります。

重要なことは、「経営者自身のデザイン」です。何を大切にしていきたいか、どのような人生を送りたいのか、何を成し遂げたいのかという個人のライフデザインを起点とし、誰のために、何のために、なぜ経営するのかという経営のデザインを考えること。つまり個人のライフデザインから、採用戦略・経営管理・商品開発・入口戦略（企業・事業創造）、そして出口戦略といった企業のデザインが生まれるのです。

M&Aは、そうした「経営の入口」から「出口」までを考え、タイミングを図ることが非常に重要です。そして、失敗するケースの多くはそれを外してしまっています。

M&Aを成功させるには、起承転結をイメージしながら人生をデザインする必要があります。このデザインの起点となるのはあなたの願望です。そしてそれを実現させようとするとき、私が人生を通して探求してきた「成功哲学」の考え方がヒントになるのだということを、本書にまとめています。

買い手企業の失敗にも、タイミングが影響しています。詳しくは本文でふれますが、M

＆A後のビジョンが不明確であることも失敗の要因の一つです。目的が不明確なままM＆Aを実施したことで、M＆Aを契機に業績向上を試みたはずが、結果的に業績が低下したという例があります。

他にも、M＆A後の主導権争いや企業文化の違いから、新体制にスムーズに移行できずにいるケースもあります。これは、統合後に組織をまとめていくリーダーシップが欠如していたことが原因です。本書を読めば、買い手側の統合後の経営デザインのヒントが見つかり、人員配置の課題なども解決できるでしょう。

また、タイミングとともに留意しなければならないのが判断ミスです。たとえば、従業員継承ができるかもしれない状況にもかかわらず、無理に身内に譲ろうとして事業を衰退させてしまったり、信頼の置けないM＆A助言・仲介会社にだまされてしまったり。本書では、そういったことが起こらないように、M＆Aに対する正しい知見、包括的な知識も一通りお伝えします。

私は、M＆Aは創業者および株主優先の発想ではなく、本質的、長期的、客観的視点に立って、ステークホルダー全体のことを考えながら何が本当に正しいのかと自問し、社員のモチベーションを損なうことなく、これまで培ってきた企業文化をきちんと承継できるよう意思決定することが重要だと考えています。

本書は『人生を変えるお金の話』に続いて、再び仙石 実さんとの共著になりました。仙石さんはIPO（新規株式公開）、M&A、事業承継、税務、資産形成などファイナンス全般のプロフェッショナルです。M&Aの本質について語ってもらうのに誰よりもふさわしい仙石さんとの出会いがなければ、本書は誕生しませんでした。

また、巻末に独立行政法人中小企業基盤整備機構の豊永理事長、元参議院・ミッション・コネクト代表の木俣さんとの特別懇談も掲載しています。官民それぞれの立場から中小企業のM&Aについて意見交換をすることで、M&Aの実態をより掘り下げて考えることができました。

中小企業やベンチャー企業の経営者の方には、M&Aを考えるときには、個人から経営者へとつなぐ経営の軸、ライフデザインを持つことが何よりも大切だということに気づいていただけたらと願っています。

はじめに

南青山アドバイザリーグループCEO
公認会計士・税理士
仙石実

M&Aは、私の専門領域です。本書では1000件以上の多種多彩なM&AやIPOの案件を担当した経験から、日常的に大手企業、中小企業、ベンチャー企業、オーナー企業の経営者の方と接している中で感じていること、実践していることを率直にお話ししていきます。

最初に、M&Aの本質には経営者のライフデザインが密接に関係しているという私の想いに、深いところで共感をしてくださった青木さんから、再度の共著出版のお声がけをいただいたことに感謝を申し上げることをご容赦ください。

本質的には経営力、すなわち会社の価値が重要になるのが、M&Aです。しかしながら実際は、より高く売りたい、より安く買いたいという経営者の本音がぶつかり合うため、売り手、買い手双方とも互いの会社の真の経営力が見えにくくなります。そこに、ヒト・モノ・カネが複雑に絡んできます。本書では青木さんとともに、そのようなM&Aの奥深さにふれていきたいと考えています。

会社を売る側も買う側も、M&Aにおいて大切になるのは、会社の価値です。当然のことながら、売り手側は高く売りたい（買ってほしい）と考えています。この想いは目の前の損得勘定だけのことではありません。多くの中小企業のオーナーの方は、自分の人生＝会社、会社は自分の子どものような存在だと思っています。企業価値を高めて売却したいという想いは、お金ではなく、自分の人生の集成をどう評価してもらえるかというところともリンクしています。経営者として生きてきたプライド的な部分、何十年経営してきたか、自分や会社にどれくらい投資してきたかといったところから企業価値を判断していくことが大切になります。

ですから、M&Aでもライフデザインが重要です。会社を売却して手にした数億円を、数年間で使い尽くしてしまうオーナー経営者もいます。そのため売り手側の経営者は、M&A後の人生を見据えた自社の企業価値、すなわち売却価格に対する正しい評価を行わなければいけません。一方、買い手側の企業にとっては、売る側の企業価値の評価を適切に行えるかどうかが、その後の事業の成否を大きく左右します。

本当の企業の価値とは何かと問うことは、成功するM&Aとは何かと問うことにつながっていきます。そもそも成功するM&Aの定義とは何か、即答できる人がどれだけおられるでしょうか。何をもって成功と言うのでしょうか。

一般的なM&Aの成功の定義は、上場企業であれば株価の上昇です。M&A実行後の上場会社の株価の動きを追った統計によると、そのうちの約3割しか株価が上がっていないという結果が出ています。これは、企業価値向上につながっていないM&Aが約7割を占めているということです。確かに株価から見れば、総体的にM&Aは失敗していると言ってもいいでしょう。

「減損会計」という言葉があります。買った会社が事業計画通りの売上、利益を出せなかった場合、帳簿上の価格を回収可能な金額まで減額する会計処理のことを言います。端的に「減損＝M&Aの失敗」と認識されます。たとえば10億円で買った会社が5億円減損してしまった場合、2つのケースが考えられます。1つは買ったときの価格が間違っているというケース、もう1つは買った時点では確かに10億円の価値があったけれど、引き継いだ結果、M&A後のマネジメントの問題でメンバーの士気が下がって5億円の会社になってしまったというケースです。結果的に価値を偽装してしまうことになるM&Aも多々あるということです。

一方、売り手側の視点に立てば、分相応な金額より高く売ることが成功なのでしょうか。単純に高く売れれば経営者にとっては成功なのでしょうか。分相応以上に高く売れたけれど、その後全従業員が辞めてしまったケースを成功と言えるでしょうか。どの点において成功しているのか。私は、経営者ご本人はもとより、ご家族、従業員、顧客すべての想いを汲んだうえで、M&Aという選択肢に辿り着くことが大事だと思っています。

実はM&Aでは、「人」の問題が一番大きく、人の感情に深くふれるところがあります。M&Aによって経営者が一人抜けしてしまい、残された従業員が「買われてしまった」と思いがちな面もあるわけです。そういった人の心というところにふれていないM&Aは、たいていの場合、失敗します。M&Aで買われた側の従業員は当然ながらM&Aが終わった後、みんな士気が下がっていますし、この状態では当初の企業価値を維持することは難しいです。

このような観点から、M&Aを実行した後の処遇も大事です。本書ではその辺りにもふれていきます。いきなり社長がいなくなることで、従業員が「えっ?」と感じるケースも多くあります。売り手側の経営者は、後を引き継ぐ社員たちが数字の責任を負っていくことになることも忘れてはなりません。高く売ったら高く売ったなりの結果を出さないといけないのです。最近では、経営者がある程度の量の株を持ちながら数年会社に残り、将来一緒にIPOを目指すというケースも増えています。

M&Aの成功をどう定義するか。それがこの本の本当の意義だと理解していただければ幸いです。


最近のM&Aを俯瞰してみると、何となく高く売れればいいと短絡的に考える風潮があり、危機感を抱いています。当然ながらM&Aの仲介会社も、高く売れたほうがフィーを高く受け取れます。要は分相応以上に売りたいと、M&Aの会社が不動産仲介会社のようになってしまっているように感じるのです。

会社は人の集合体であり、一人ひとりのビジョン、目標、日々の行動の総和が企業価値を生みます。それを一気になくしてしまうのも、M&Aの一つの側面です。しかし私は、企業価値をつないでいくことが真の意味でM&Aの成功であり、縁をいただいた経営者の方々のM&Aを成功に導くのが、M&A仲介会社の仕事だと思っています。

本書では、M&Aの本質論をより理解していただくために、具体的な成功、失敗のケーススタディを取り上げ、これだけは経営者に知っていただきたいというM&Aのフローのポイントも解説しています。

私は、〝縁ある人を幸せにする〟ということが、M&Aの本質的なテーマだと考え実践しています。ここが、青木さんと共著を出す本当の意義だと思っています。

目次

第2章 理念（人軸）経営の大切さと実践　青木仁志

第3章

経営者個人が理念（人軸）経営の原点

青木仁志

第4章

M&Aは経営戦略として目的も多様化している

仙石 実

第7章 M&Aブレイク（失敗）の要因を知り成功へつなげる

仙石 実

M&A特別懇談

第1章

目的設定がM&Aの成否を決める

青木仁志

M&Aは、なぜ失敗するケースが多いのでしょうか。経済合理性を優先して、企業存続のための企業文化の承継、経営の根幹にある企業の価値を増大させていくという視点に立ったM&Aが行われていないからだと思います。ここでは、とりわけ買われた側の人の立場に立った、発展の見通しを持たせてあげられるM&Aを考えていただきたいと思います。M&Aは、売り手企業・買い手企業の両方が幸せになれてこそ、成功と言えるでしょう。それを実現するために、売り手側・買い手側のどちらにも等しく考えていただきたいのが、企業の長期的な成長・持続的な繁栄に向けた前向きなM&Aです。

何のためにＭ＆Ａをするのかを考える

今回、私たちがM&Aというテーマを通してお伝えしたいことは、誰のために、何のために、なぜ経営するのか？　つまり、経営の目的は何か？　その答えが明確になってこそM&Aは成功するということです。

現在、M&Aを積極的にまたは将来の選択肢の一つとして考えておられる経営者の方、否応なくM&Aを考えざるを得なくなって本書を手にしてくださった経営者の方、あなたの会社は今、大きな転換点を迎えているかもしれません。

M&Aを決断し、実行する前に、改めて自問自答してみてください。何のためにM&Aをするのか、と。明確な答えを持っていなければ、失敗することになるでしょう。M&Aについて考えることは、経営の目的について考えることだからです。

これは売り手企業、買い手企業の双方の経営者に向けた問いです。ですから本書は、売り手企業の経営者、買い手企業の経営者、どちらの視点からお読みいただいても参考にしていただける構成と内容になっています。

1980年代以降、世界の常識だった「経営の目的は利潤の追求である」という考え方に対置し、私は一貫して「利益は目的ではなく結果である」と、言い続けてきました。短期的な成長や発展ばかりに重きを置く価値観のもとでのM&Aには、経済合理性を優先した営利至上主義に走る傾向が見られます。そこでは社員も、顧客も、目標とする利潤を達成するための道具、手段としておきざりにされていたように思います。

そこで考えていただきたいのが、経営の本質は「人を幸せにする価値を創造し続けること」だということです。

M&Aは、中小企業経営の今後を占う重要な戦略の一つです。その際に、出口（親族への譲渡、従業員譲渡、上場、廃業、M&A等）戦略が大切になります。いずれを選択するにせよ、経営者のデザインが大事になってきます。M&Aは、売り手企業・買い手企業どちらも幸せになれてこそ、成功と言えるでしょう。

本書は、経営者の方にとって会社の将来を決める選択肢の一つであるM&Aの、ノウハウやテクニックを記したものではなく、M&Aとは何か、なぜM&Aをするのかといった M&Aの本質を経営の深いところから考えていくものです。

営利主義の経営者と理念経営を実践する経営者とでは、Ｍ＆Ａの理解の仕方もその価値を高める実践方法も違ってきます。後述する当社の日本テレビ放送網株式会社との資本業務提携においても、営利主義を脱し「人」を大切にするという私の経営哲学は一貫しています。

私は創業以来36年、「経営の目的は縁ある人を幸せにすることであり、それを実現できる企業が長期的に発展する。利益は目的ではなく結果である」という信念をもとに、アチーブメント株式会社を経営してきました。

私が考える「売り手企業も買い手企業も幸せになれるＭ＆Ａ」とはどういうものか。それを叶えるにはどのように「理念（人軸）経営」を実現していくか。これらは重要なテーマです。売り手側・買い手側どちらの企業にも等しく考えていただきたいのが、企業の長期的な成長・持続的な繁栄に向けた前向きなＭ＆Ａです。そのために本書では、経営者に必要なのは社員や顧客といった「人」を中心にした高業績と、良好な人間関係を両立させる「理念（人軸）経営」の実践であるということを明らかにしていきます。

その際に考えなければいけない大事なことは、社員のモチベーションです。社員のモチベーションが低い会社が、Ｍ＆Ａで成功するのは難しいでしょう。

経営者が実践しなければならないのは、社員の主体性を引き出すM&Aです。社員の主体性が引き出されれば、引き継がれた新しい環境であっても、前向きに進んでいくことができるからです。

経営機能は承継できても、経営技能は承継できない

改めて何のために、誰のために経営するのか、という問いと向き合ってみましょう。経営の起点とも言える経営者の生き方が明確になっていなければ、出口（エグジット）のところで後悔することになります。経営者の高齢化によって、事業承継の選択肢がどんどん限られてしまうからです。

前向きな成長戦略の中でM&Aという選択肢に向き合ったとき、もし経営のデザインがなかったとしたら、何が起こるのでしょうか。

結論から言うと、優秀な社員が離れていきます。優秀な社員が離れていくということは、会社の活力が低下するということです。つまり利益の源泉には、社員のモチベーションも

含まれているのです。

社員（人）という視点からM＆Aを見ていくのは、とても重要なことだと思います。人の視点からM＆Aを考えると、特別な技術が求められ、技術者などの技能を持った人を育てなければならない業種のM＆Aと、さほど人のスキルを考慮しなくても済むM＆Aとでは異なることがわかるでしょう。

サービス業、メーカー（製造業）といった業種業態の違いによってM＆Aに対する考え方も変わってきます。私たちのようなサービス業の場合は、当然、人が重要なポジションを占めています。

設置型ビジネスのメーカーの場合は、仕事が環境に大きく左右されるでしょう。好不況、円高円安といった環境的側面が事業に大きな影響を与えるからです。ですから、時代を読む目がないと経営は上手くいきません。

地下鉄などの立ち食い蕎麦屋のM＆Aのケースを考えてみましょう。身も蓋《ふた》もない言い方をしてしまえば、茹でた蕎麦に汁をかけてお客様に出すことは、誰がやっても同じようにできます。この場合、人は「人手」に過ぎません。このように商圏（商権）が、そのまま利権につながることで完結してしまうM&Aもあります。
失敗しているM&Aを見ると、私には人という視点が欠落しているように思われます。この点については、後ほどさらに深掘りしていきましょう。

事業承継を考えたときに大事なことは、経営機能は承継できても、経営技能（技術）は承継できないということです。経営機能とは、経営計画の策定、組織編成、ディレクション、社内調整といった組織的な働きです。経営機能がきちんと整備されていて、それを引き継ぐ人が有能であれば、それを承継することは可能です。

それに対し経営技能は、その人に備わった能力です。経験を通して身につくため、伝えても伝えきれない部分を多く持っています。

ですから江戸時代の商家の子どもたちは、一人前の商家の主人になるために、多数の問屋と商人が集まる大阪市の船場に丁稚奉公に行かされたのです。

下積みの経験をさせないで財産を承継すると頭でっかちになり、結局は店が潰れてしまう。その危険を避けるための知恵だったと思います。丁稚奉公は、実際の商いを通して最適な経営技能を体得させるためのものだったのでしょう。

苦労する経営者は、意思決定が利己的で、近江商人の経営理念として今に生きる、売り手、買い手、世間よしの〝三方良し〟ができていません。

現代においても創業経営者にとって、自ら身につけた経営技能を社員に伝えることは、難しい課題と言えるでしょう。最良の方法はそのことを念頭に置き、会社の未来を託せる幹部の育成を5年、10年といった長期スパンで考えておくことです。

経営の根幹にある企業の価値を増大させていく

M&Aに関しては企業価値、事業価値、株式価値といった混同されやすい用語が使われます。ポイントだけを押さえれば、企業価値は会社全体の資産も含めた価値であり、事業価値は事業自体の価値のこと、株式価値は企業価値のうちの株主の取り分（株主に属する部分）のことで株式時価総額と同じ意味合いで使われています。

事業価値は、企業の稼ぐ力を総合的に評価したものであり、純資産価値だけでなく、のれん（営業権）と呼ばれる超過収益力や貸借対照表に計上されない無形資産、知的財産価値等も含まれます。

M&Aにおいては、売り手企業はきちんと価格を評価して買収してほしいと考えます。買い手の企業もより正確な企業価値を算定して買収したいと思っているでしょう。企業価値は企業全体の価値を金額で表したものですから、企業価値が高ければ、M&AやTOB（株式公開買付）の際に、売り手企業は交渉において優位性を保つことができます。

企業価値の高さは、将来の成長期待が高い、収益が安定している、適正な事業運用が行われている、企業経営が健全な状態にあるといったことを示しています。社会的な評価が高まると、金融機関からの信用も向上して事業拡大や設備投資等の融資も受けやすくなり、運転資金にも余裕が生まれるでしょう。上場企業であれば、株価上昇に結びつき、さらに企業価値が高まっていく善循環が生まれます。

要するに、企業価値は売買価格に直結する指標です。計算過程においては、資産、負債、株式、事業、キャッシュ・フローなどすべてが勘案され、売り手企業全体の価値が数値化されます。

M&Aの判断に使用される企業価値は株式価値だけでなく、事業価値や負債に反映されていない資産も考慮して算出されます。さらにM&Aにおいては、事業の将来性や買収後のシナジー効果も企業価値として判断されます。

企業価値を計算するときには、複数のアプローチから客観的に見つめる必要があるので、賢明なのは専門家のアドバイスを受けることです。

価値を創造し続けるために、経営者には企業価値を向上させる努力が必要になります。

一般的な方法としては次のような施策が効果的です。

・**収益力の向上**……ビジネスモデルを見直し、コスト削減、シェア拡大、売上高増大などのあらゆる収益の手段と機会を探る

・**投資効率の改善**……使っていない倉庫、眠ったままの不良在庫などの遊休資産を整理し、バランスシートから削るかどうかを検討する

・**財務の健全化**……融資や負債の配分比率を見直し、借入金を返済するなどして負債を減らす

アメリカの経済学では、会社を一つの商品として考える風潮があります。このとき重要なのは、誰の商品かということです。経営者自身のものと見るか、社会のものと見るか、

そこにはイデオロギーの問題も絡むので、簡単には結論を出せません。

企業は誰のものか。問い続ける価値のある深い問いかけです。企業が大きくなれば、社員の数も増えていきます。年齢の幅も広がります。企業は誰のものか。経営者だけでなく、そこで働く社員にも自問自答してほしい問いかけです。

人が10人よれば10通りの価値観や正しさがあり、それらはぶつかることもあります。生まれ育った環境、性別、イデオロギー、宗教……。人の数だけ違いが生まれる。それが社会です。

企業の中にも、当然、異なる価値観を持った社員がいます。多様な価値観が混ざり合う過程で、コミュニケーションの齟齬《そご》が人間関係を悪化させ、頭を悩ませている経営者もおられるでしょう。経営者としての力量、度量、資質が試されるところです。

そこで経営者には、自社について考えるだけでなく、自社を社会の中でどう位置づけるかを考える視点が必要になります。なぜなら、企業価値に対し新しい視点での評価も生まれているからです。

近年、中小企業においてもＳＤＧｓ（持続可能な開発目標）への取り組みに対する関心が高まっています。企業イメージの向上や新規事業の創出などを見据えて、ＳＤＧｓへの取り組みを推進している企業も増えています。

専門家たちの間では、ＳＤＧｓを実践する会社の企業価値が、今後上がっていくと予想されています。ＳＤＧｓ・ＥＳＧの推進を目的としたM&Aには、事業承継または株価対策（経済合理性）というより、新規事業進出によって新たな収益の柱を生み出そうという姿勢が見られ、その成功事例も増加しています。

時代の変遷に対応した人財の多様化が生み出す企業成長に対し、経営者が共通の目的を示し、それに共感している社員で構成された組織をつくること。それが理念経営を実現するための秘訣であり、様々な価値観を持った社員と共に会社経営をしていく際のポイントでもあると私は思います。

松下幸之助さんが明言した、「企業は社会の公器である」という言葉は広く知られています。日本の近代資本主義の父である渋沢栄一翁も「その事業が個人を利するだけでなく、多数社会を利してゆくのでなければ、決して正しい商売とはいえない」と言い残していきます。道義を伴った利益を追求し、公益を第一とすることの大切さについて書かれた『論語と算盤』が、今の時代にも読み継がれているのは、そこで語られていることが商売（ビジネス）の原理原則だからでしょう。

つまり、社会から見て有益な理念を体現する組織をつくることは、社会にとって価値あるM&Aにもつながっていくということです。

私は常に、「経営の目的は利潤の追求である」という考え方を是としないと言っています。もちろん経営において利益をあげるのは重要なことです。私は創業以来、縁ある人を幸せにした結果、得られる果実が利益であるということを実証してきましたが、利益がなければ顧客も社員も幸せにすることはできません。

理念だけでも利益だけでも、企業経営は成り立ちません。そこで、理念と利益を両立させる「理と利の統合」を掲げました。理とは、理念の理、真理の理、理想の理、利とは、利潤の利、利益の利、営利の利のことです。

理と利に一貫性を持たせた経営手法を机上の空論で終わらせないために、私はアチーブメントという企業体を通して「理と利の統合」を実践してきました。

その一例として、私は「3・3・3・1」の法則を実践しています。具体的には税引後、利益の3割を未来への内部留保、3割を役員報酬、3割は社員への分配、そして1割は社会への還元として使うのです。

日々の事業活動の中で組織全体で理念を行動に移し、目の前のことに取り組む動機づけができてこそ、「理と利の統合」は可能になります。そしてその先に見えてくるM&Aこそが、成功への道を進んでいきます。

出口のデザインを描く

M&Aを考えるうえで何よりも重要なことは、出口戦略です。M&Aを出口戦略から考えていくということは、「誰のために、何のために、なぜ、この会社は存在するのか」という経営者であるあなた自身の原点の問いに、改めて向き合うことになります。そのうえでどのような人生のデザインを持つか。会社が次の世代でどのように発展するかという事業のデザインを含めて描くことです。

誰の人生にも等しく始まりがあり、終わりがあります。私は、自分の人生をどう終わらせるかということも考えています。

今まで私は、いくつもの会社にかかわってきましたが、68歳になり経営者としての収束、整理の段階に入っています。70歳で代表取締役社長を降りるという宣言もしています。

また、これまでに東京商工会議所教育人財育成委員会副委員長、スタートアップ委員会委員、中小企業委員会委員、人事院交流審査会委員など、様々な役職を務めさせていただいています。

もちろん創業者として社員に対する愛情もありますし、お客様に対する責任の意識もあります。自分が育ててきた事業の社会性という意味においても、この事業を継続させる責任があります。いきなり「後はよろしく、ではさようなら」というわけにはいきません。

36年前、資本金500万円、社員5名でスタートしたときから、次の代にどのように承継するかという出口戦略について考えてきました。

経営者は自分自身の出口戦略について、きちんと考えを持つ必要があります。私は、中小企業の経営者が考える出口戦略のパターンは次の5つだと考えます。

①　自分の代で終わらせる

②　親族から後継者を選び、オーナーとして支えながら承継する

③　社員から後継者を選び、オーナーとして支えながら承継する

④　信頼のおける会社とM&Aをして承継する

⑤　IPO（上場）することで、資本と経営を分離させ、適正能力のある人材に経営を託す

とりわけM&Aがそうなのですが、デザインをしていないから、多くの経営者がタイミングを外してしまっているのです。ですから、M&Aを考える前に、最優先に考えていただきたいのが、出口戦略です。あくまでもM&Aはその手段に過ぎません。

では、どのように出口戦略を考えるとよいのでしょうか。先ほど挙げた5つに優劣はありません。判断の軸になるのは経営者であるあなたの価値観であり、あなたのライフデザインです。富や名声、他人の思惑に踊らされることなく、あなたは人生に何を求めるでしょうか。人生の幕を閉じる瞬間を迎えたときに、あなたはどのような人生を送ってこの世を去りたいでしょうか。ライフデザインが明確になってこそ、納得感のある判断を下すことができます。

経営者のライフデザインについては、第3章で取り上げます。そこで、何を大切にしていきたいのか、どのような人生を送りたいのか、何を成し遂げたいのかという個人のライフデザインをいかに描くかということについてお伝えします。

出口戦略を考えるポイント

ここまで、M&Aを考えるうえで出口戦略が大切だということを語ってきました。これは意外と盲点になっていることで、実は10年先を語れない経営者が意外と多いのです。「こんな変化のめまぐるしい時代に、将来どうなるかなんてわかるわけないでしょう」と、平然と語る経営者もいらっしゃいます。これは出口戦略など考えていないということを臆面もなく語っていることになります。

経営者個人の人生の引き際、後継者育成、M&A、いずれの選択をするのか。それは、経営者のライフデザインから導かれるものです。そこで、家族・親族承継、従業員承継、そしてM&Aによる承継の選択肢を考慮して、経営者が出口戦略を考えるときのポイントを挙げていきます。

サッカーでも野球でも何でもいいのですが、あなたがスポーツチームのオーナーだとしましょう。自分の持っているチームの監督に誰を選べばいいか、考えてみてください。

一般論で考えれば、チームをまとめる能力に長《た》け、勝利へのこだわりがあって、そのスポーツに精通している人を選ぼうとするでしょう。さらに、そのチームが長年培ってきた伝統、言い換えれば大切にしてきたものを尊重してくれて、調整能力が高く、この人に任せたら優勝できるかもしれないと思える人に後を託すと思います。

ここまでが大前提で、次に親族か、社員か、外部の人間かということになります。ここで問題になるのが、大前提でふれた能力を兼ね備えた人間がどこにいるのかということです。こういった逸材を見出せないままいつのまにか年を取り、自ら経営者を続けざるを得ないでいるという人は多いのではないでしょうか。

このときに、経営者としての実力がない息子に親族という理由だけで後を継がせるような私心があれば、失敗することでしょう。

親族への事業承継についてどのように考えているのか。きちんと親族と話し合っているでしょうか。もしまだでしたらそのことを速やかに考え、胸襟を開いてとことん話し合ってください。

次に考えるのは、従業員承継です。もしくは資本と経営の分離をどう考えるかということです。これはオーナーの考え方と経営の仕組みの問題になります。上場企業であっても、社員みんなが株を持っているわけではありません。上場企業と非上場企業の違いは、資本市場で動いている株を自由に売買できるか否かです。

それでは資本と経営の分離を視野に入れながら、従業員承継ということを考えてみましょう。私は、事業承継とさらなる成長をコントロールするには、長年一緒にやってきた社員の中から、次の時代の舵取りをバトンタッチできる器を持った人間を選んで経営権を渡すのが一番だと考えます。経営者が長期的、客観的な視点から事業を託すのにこの人だったら大丈夫と選んだ人間であれば、社員全員から評価されているはずです。つまり、事業承継の下地がほぼできているわけです。

事業承継者が不在の場合は、経営を担える外部の人間に託すということも考えられます。ただし、会社を永続的に成長させるには、会社の理念、会社のビジョン、会社の事業目的に同意して、組織人として組織全員を掌握できる経営者が必要です。たとえどんなに優秀な人材でも、パラシュートのように上から降りてきたような形では、まだよく知らない人間である社員たちを掌握するには相当苦労するでしょう。

そして、三つ目の選択肢が、M&Aです。私たちが本書を通じて考えていただきたいことは、経済合理性のみならず、人の想いを汲むことも大切にしたM&Aです。

親族承継、従業員承継、そしてM&A。いずれの選択肢を選ぶとしても、その判断および決断にはこれまで培ってきた経営力が問われます。

若い経営者たちがM&Aの可能性を広げている

M&Aにおける出口戦略は、高齢経営者のみの問題ではありません。高齢経営者が事業承継者を求めてM&Aを決断する一方で、最近は若い経営者たちによるM&Aも見られるようになりました。

アントレプレナーシップにあふれた若手経営者が、自分の度量、自分の器を理解したうえで、自分が興した事業をさらに社会で活かし、また自分自身も上のステージに上がるためにはどうしたらいいのだろうと考え、M&Aを行う積極的なケースも増えています。

近年は、国が設置する公的相談窓口である「事業承継・引継ぎ支援センター」を利用するケースも増えてきています。同センターの「後継者人材バンク」では、後継者不在の中小企業や個人事業主に対して、新たに事業を立ち上げたい創業希望者をマッチングさせる事業を行っています。「起業」と「事業承継」の2つを同時に実現し、後継者不在の事業者の後継者づくりを支援する仕組みになっています。

オーナーの年がいくつであっても、会社は自分のものであると同時に自分のものではありません。商法上は確かに株主のものですが、会社の中にはその組織を構成している人の心、人のスキル、経験といったものがあります。

人を大切にする企業こそM＆Aで成功する

永続的に繁栄できる企業経営は、必ず原理原則に則っています。それは「利己的」ではなく人を幸せにする「利他的」な事業目的を掲げているということです。経済合理性を優先するのではなく、人を幸せにする事業の社会性を考えた、人を大切にする企業こそM＆

Ａで成功します。

自社が存在することによって、どれだけの人の役に立てるのか、どれだけの人に喜んでもらえるのか、そしてどれだけの人を豊かにできるのか。そんな「利他的」な思いを持ち、本気で事業活動をしている存在になることです。

人はそんな企業に心を動かされます。経営者のものの考え方が利己的だと、一時的に業績が伸びたとしてもいずれ人の心が離れて事業は上手くいかなくなります。そうなると、Ｍ＆Ａをしようとしても、最後は選択肢がない延命処置のような後ろ向きのＭ＆Ａになってしまいます。

原理原則に則った経営とは、利己的ではなく利他的で人を幸せにする事業目的を掲げているものだという話をしました。利他的、相手の立場に立つというのは、口で言うほどやさしいことではありません。

一方で、利他的な想いを持ち、人を幸せにする経営を貫いた経営者は、Ｍ＆Ａにおいても成功します。それを実感したエピソードをご紹介しましょう。

私には、20代から付き合いのある竹澤誠一という親友がいました。「リラックス」という治療院を25店舗ほど経営していましたが、糖尿病を患っていて、足を切断したうえに人工透析が欠かせない厳しい日々を過ごしていました。

その竹澤からある日、会社と社員のことについて相談を受けました。じっくり話し合った結果、私は、整骨院事業を主軸に健康に関する多様な事業を展開しているケイズグループとのM&Aを推奨しました。私が代表取締役の小林博文さんを選んだ理由は、実に明快です。竹澤が大切にしてきた事業への想い、わが子のようにかわいがってきた専務をはじめずっと一緒に働いてきてくれた社員、そしてお客様にとって、つまり三方良しになる会社はどこかという観点で熟考し、それを叶えてくれるのが小林さんだと思ったからです。本書の共著者である仙石さんを通して小林さんを紹介しました。

もちろん竹澤にとっても自らの生死を懸けた選択ですから、本音の部分でのぶつかり合いがありました。こういったとき、現実というものは実に厳しい顔を見せます。なんと彼は、M&Aの交渉を進めている過程で新型コロナウイルス感染症になり入院してしまったのです。しかも、持病であった糖尿病のほうも悪化してしまいました。入退院を繰り返し、息を引き取るギリギリのところでM&Aの契約はまとまりました。

竹澤の奥様からも、

「青木さん、本当にありがとう。おかげさまで相続税の問題もスムーズに対処することができました。私は経営のことは何もわかっていなかったので、あのまま主人が亡くなってしまっていたら、大変なことになっていたでしょう」

と、感謝されました。

最終的にリラックスの社員の方からも、ケイズグループの傘下に入って非常にいい状態が続いていると聞いています。みなさんが幸せになるＭ＆Ａのケーススタディの一つではないでしょうか。私の知る最も成功したＭ＆Ａの一例だと思っています。

リラックスとケイズグループとのＭ＆Ａについては、１０６ページのコラムで詳しくご紹介しています。

利他的な心をどのようにしてつくっていくか。それは経営者自身が自らを高め、我欲を捨て、身近な人を幸せにするという目的を明確にすることから始まります。そのうえで縁ある人を物心共に豊かにするために心を込めて社員教育を行い、信用・技術・サービスの質といった無形資産に投資していくことです。

そうすれば顧客満足度は高まり、後から売上、利益といった有形の資産がついてきます。

その蓄えを内部留保し、資本を増強しながら未来を創るために再投資していくことで善循環のサイクルが生まれます。そのサイクルの過程でM&Aを考えていけば、答えはおのずと見えてくるでしょう。

アチーブメントが日テレと資本業務提携した理由

会社には、永続しなければならないという大命題があります。会社は潰してはいけません。この大命題に対する答えに、経営者の経営力が表れてきます。

事業承継者の選択は、ここ数年の私の最重要課題で、日本テレビ放送網株式会社との資本業務提携は、数年をかけて熟考して出した結論です。なぜ、私は資本業務提携を決断したのか、その想いを明らかにしていきます。

2022年7月、アチーブメントは38%の株式譲渡により日本テレビ放送網株式会社（以下日テレ）の持分法適用関連会社になりました。日テレは地上波において、視聴率第1位の会社で、日本のメディアの中心的な企業です。

私個人のことを言えば、社会に出て50年、創業35年という節目の時を迎えての選択でした。アチーブメントグループが今後さらに発展を遂げるための最良の選択だと確信しています。

日テレとの資本業務提携も、私個人の経営者としてのライフデザインを起点とした選択でした。これまで経営者としての私は、いつも社員、お客様、そして家内のことを考えてきました。アチーブメントの成長は家内の存在を抜きにしては語れませんし、感謝の気持ちは言葉では言い尽くせません。

家内は創業時には専務取締役、2019年10月から退任する2022年8月までは代表取締役専務を務めていましたが、彼女はアチーブメントの専務になりたくてなったわけではありません。中小企業経営者と一緒になり、専務を引き受けざるを得なかったのです。家内自身の趣味はもとよりあらゆる私的なことを後回しにして、いかなるときも私のよき相談役になってくれました。糟糠《そうこう》の妻という古い言葉がありますが、その言葉通り、苦しい時代に、夫であり経営者である私を忍耐強く支え続けてくれました。

私は家内個人の人生を考えたとき、何が彼女の幸せなのだろうかと考えを巡らせました。そろそろ会社経営の重責から解放してあげよう。もし私に何かあっても、きちんとした経済的な基盤もできる。経営の出口を熟慮したうえでの決断でした。そして、家内への感謝の想い、社員、お客様すべての幸せを考えて実行したのが、日テレとの資本業務提携（家内の持分の株式譲渡）だったのです。

私の願いはただ一つ。社員幸福度・顧客満足度・社会貢献度を高め続け、アチーブメントを世界最高峰の人財教育コンサルティング会社にすることです。

アチーブメントが提供する人財教育の基礎理論である「選択理論心理学」を日本の津々浦々まで広め、不満足な人間関係に起因するあらゆる不幸をこの世の中から無くしていくことが事業目的であり、使命です。今回の意思決定は、そのような事業目的を果たすための決断でした。これからのアチーブメントグループは、売上高100億円企業へ向けて大きく飛躍していきます。日テレの関連会社として、企業理念である「上質の追求」をさらに貫いていく所存です。

単純にM&Aだけを考えれば、当社のような財務体質のいい会社を買いたい会社は山ほどあります。そのような中私が日テレを選択したのは、教育とメディアの重要性を強く認識し、やはりメディアが必要だと考えたからです。

私は選択理論の提唱者である故ウィリアム・グラッサー博士と、アチーブメントの事業活動を通して選択理論を日本の津々浦々にまで広め、不満足な人間関係に起因するあらゆる不幸感をこの世から無くすと約束しました。

その約束が、私の胸には深く刻まれています。36年間口コミを中心とした情報発信を追求してきたアチーブメントですが、より多くの人に情報を届けるにはメディアの力が必要です。

日テレにアチーブメントが選ばれた理由の根底には、企業活動の一切を見ていただき、一定の水準を満たしているという客観的事実があったと思います。

日テレという会社のスケールをお伝えすると、メディアの世界で公共電波を使って事業をしている5社の中の1社です。第一に考えるのは、反社会的な会社とは組めないということでしょう。内部の審査があり、私個人の人物評価はもちろんのことアチーブメントグループのすべてを調査されました。

かつては、アチーブメントは怪しい自己啓発会社だなどと根も葉もないうわさで誹謗中傷されたこともありました。そういう意味では社内で、日テレの看板に傷がつくのではないかという声もあったかもしれません。それでも調査の結果、優良中小企業であることが実証されました。

税務調査後の税務署の判断は、「申告是認」「修正申告」「更生」に分けられます。アチーブメントは申告是認です。申告是認とは、税務調査で修正すべき事項がなかったということです。アチーブメントは財務体質の観点から見れば、中小企業のレベルを超えていると顧問税理士の先生からお墨付きをいただいています。

日テレは報道関係者向けにこうアナウンスしました。

「日テレとアチーブメント社は、人材教育における理念に相通ずるところも多く、提供する商品サービス、顧客層においても補完関係にあり、両者の成長を加速できると考えています。

1　対面が主流のアチーブメント社のメソッドを活かした動画・オンライン講座の支援

2　アチーブメント社の30年にわたる人材育成の知見と圧倒的営業力で、日テレＨＲ事業を加速

3　新たなオンライン・対面講座の共同開発

社会人のみならず教育現場、周囲の人と幸福な関係を構築し自らよりよく生きようとする全ての人に貢献する事業を目指し、これまでの両社の取り組みを持ち寄り、より良いサービスを生み出すパートナーとして歩み出します」

日テレは２０１９年に、日テレＨＲ（ヒューマンリレーションズ）という社内ベンチャーを立ち上げています。日テレＨＲの社員に私の３日間の講座に参加していただき、実際に受講生と接してもらい、コアとなる社員一人ひとりにインタビューしていただいた結果、理念浸透が本物であると結論づけていただいたのだと思います。Ｍ＆Ａ成立までには1年半ほどの時間がかかりました。Ｍ＆Ａは思い立ったら即実行というわけにはいきません。

日テレの子会社は57社、関連会社は34社です（２０２３年6月末時点）。アチーブメントは関連会社の中でもトップクラスの業績です。私も去年日テレから副社長を迎え入れたタイミングで、お酒を断ち約束した事業計画を必達してきました。そういったことも踏まえて、今回の資本業務提携は、メディアである日テレと組むことで社会への発信力を強化することができたアチーブメントにとってもよかったし、会社に対する信用・信頼が深まったことで社員はもとよりその親御さんにも誇りを持っていただけたし、お客様である受講生には確信を深めていただけたと思います。まさに、関係者全員にとって価値のあるM&Aだったと心から思っています。

私はさらにしっかりと現実を見据えています。不満足な人間関係に起因する一切の不幸をこの世から撲滅するという私の志をより広範に世の中に広げていけるかは、今後の継続的な課題です。

今回の資本・業務提携は、私の考える出口戦略のまだ一部でしかありません。現在も、常に新しい情報を入れ考え続けています。

ただ単に変わらない軸は、縁あるすべての人にとって価値のある選択をするということです。

第２章

理念（人軸）経営の大切さと実践

青木仁志

M&Aは、経営者の求心力が試されます。経営者の条件である判断力・実行力・リーダーシップのレベルが露呈します。つまり、その企業の素顔、実像がさらけ出されてしまうのがM&Aです。経営者の条件を十分に備えていない、経済合理性のみを追求するトップがM&A、事業承継を考え実行すると、組織が求心力を失います。第1章でふれたように、大切なのは人の想いを汲みながらM&Aを考えることです。そのための大前提となるのが、理念（人軸）経営です。なぜ理念経営なのか、どうすれば理念経営を浸透させることができるのか。第2章ではそれを明らかにしていきます。

企業にも「適者生存の法則」が働いている

第1章では、M&Aは経済合理性のみならず、人の想いを汲むことが大切であるとお伝えしてきました。第2章は、そのためになぜ理念（人軸）経営が大切か、どのようにすればそれを実現できるかを解説していきます。

ご承知の通り日本の企業の99・7％は個人事業主を含む中小企業です。雇用者数においても約7割を中小企業が担っています。これらの数字は、日本の明日を元気にしてくれる原動力は、紛れもなく中小企業にあるということを物語っています。

2008年のリーマンショックをピークに減少傾向にありますが、2016年以降毎年、4万社以上が倒産しています。東京商工リサーチによると、2022年の倒産企業の平均寿命は23・3年。現在、得手に帆をあげて業績を伸ばし続けている企業ですら、10年後、20年後に順調であり続けているという保証はありません。

長期的に見れば、日本の企業数は減少していくことが予想されています。中小企業白書によれば、１９９９年から２０１４年の15年間で21％もの企業がなくなっています。また、経営者の平均年齢のピークは２０００年には50～54歳でしたが、２０１５年には68～69歳へと高齢化し、現在は70歳以上、団塊世代の経営者が引退を考える時期となっています。企業が生き残り、発展していくためにはどうすればいいのか。中小企業経営者には今まで以上に切実な課題となっています。

人が少年期・青年期・壮年期・老年期を経て死に至るのと同じように、企業（組織）にも創業期・成長期・成熟期・衰退期が存在します。成熟期から衰退（廃業）へ一代限りの道を辿るのか、永続的な飛躍へと向かうのか。これは経営者の考え方、生き方で決まります。

個人と企業の決定的な違いは、有限か無限かということです。個人の命には長短の差はあってても限りがあります。創業者が死してもなお、組織には創業者が残した言葉（理念、ビジョン）があり、技術があり、それを担う人がいれば永遠に存続させ、事業を承継することが可能になります。そのためのカギが理念経営です。

そこで、自ら創業した企業が永続し、成長することを願う経営者は、自問してみてください。何のために自分は経営するのか、誰のために経営するのか、と。理念経営の原点はこの問いから始まります。

そして、自社の存在意義を問う前に明らかにしなければならないのは、経営者自らの個としての存在意義です。自己との内なる対話がすべての出発点となります。

私自身も、経営の目的とは縁ある人を幸せにすることであると考えながらアチーブメントという会社を36年間経営してきました。その結果、現在は社員２００名を超え、売上50億円、経常利益15億円の事業体に成長しています。

その成長の根底にあるのは、常にブレずに経営の目的から判断し、人軸経営を実践してきたことにあると断言できます。

中小企業は、トップの圧倒的なリーダーシップとカリスマ性に牽引されていく部分が大きいのですが、結局は一人でできることには限界があります。今回のコロナ禍のように社会の常識が一変するような変化が起こったときには、組織全体の方向転換が求められます。

M&Aもその選択肢の一つです。

企業が進むべき方向の羅針盤となるのは、明確な価値観を持ち、そこから一貫した生き方を貫いている心あるトップの存在です。

理念の浸透を促し、利他の心を持つ社員を育て上げていくことに力を入れられる経営者ほど社員から見ると魅力的で、永続的に発展する組織を共創していくことができます。

1　採用と育成
2　営業とマーケティング
3　財務戦略
4　新規事業戦略
5　商品力・技術力

私は、経営者として押さえるべき5つの柱を太くし磨き上げながら、企業理念から意思決定を行ってきました。

経営者には、この意思決定が大事なのです。経営者であれば、幾度か本気で決断を下さなければならない意思決定の場面に遭遇します。このときの不安や恐れに心が揺れ動いて決断ができないようでは、経営者には不向きと言えるでしょう。

責任の概念を持つ社員、文化を育てる

縁ある人を大切にする人軸経営という言葉を聞くと、「社員を甘やかすことになるのではないか」「思い通りの働きをしてくれないのにこれ以上譲歩しないといけないのですか」などとおっしゃる方がいらっしゃいます。そこで、私が大切にしている「責任」という概念についてご紹介しましょう。

私は経営の本質にあるものの中で、責任の概念を重要視しています。人間は一人ひとり、自分の人生に責任を持っています。経営者はこの大前提に立って会社を経営しているはずです。松下幸之助さんがおっしゃっている〝社員稼業〟にも相通じるものがあります。社員稼業とは、社員一人ひとりが社員という家業の経営者であれ、という意味です。

子どもの頃から自主自立の人生を生きてきた人は、他人に言われるままに意思決定をしてきた人よりも、自分の人生に対する責任を取るという意識が強いと思います。どのよう

な結末を迎えようとも、責任から絶対に逃げない潔さがあります。

私自身を振り返ってみると、幼少期、寒さに凍りつく指先を温めながら新聞少年として過ごした日々の中で、子どもながらに自立の精神が育まれたと思います。私たちの先輩である戦争を経験している人たちは、国のために、豊かな日本をもう一回つくり上げるために頑張ろうと、戦後を生きる理由を自分に言い聞かせ前に進んできたことでしょう。

生きる理由が家庭的にも、時代的にも、環境の影響を多分に受け、頑張る理由の起点がたとえ利己的なものであったとしても、最終的には利他の方向へと向かうのです。そしてそこには、自主自立、自尊心を育んでいく教育がありました。

ところが高度成長期に入ると、一番大事な精神文化がおざなりになってしまった気がします。社会には利益を優先する、責任を取らせない、責任を持たせない企業論理が蔓延してしまいました。私は、これは大きな問題だと思っています。

ここまで書き続けながら、今、私は日本理化学工業の故・大山泰弘会長の生前の言葉を思い浮かべています。

日本理化学工業は、1975年に日本で初めて知的重度障害者を雇用するモデル工場を開設した会社です。大山会長は、「日本がいちばん大切にしたい会社」大賞の最初の受賞者にふさわしい人物でした。大山会長が障害者雇用に力を注がれたことはすばらしいことですが、それ以上に私が感銘を受けたのは大山会長の経営者としての姿勢です。

彼は、今まで働くところがなかった障害者を引き受けたわけですが、その際に親御さんと当人に、こう話したそうです。

「当社では勤怠規則だけはしっかり守っていただかなければなりません。出勤時間に遅刻したらうちでは働けなくなります」

障害者ですから、他に働くところがありません。相当の覚悟を親御さんと本人に強いることになります。勤怠に関しては、障害の有無にかかわらず問答無用の責任を持たせるのです。それは、親子が一緒になって取り組む課題です。

私は、大山会長の言葉は実に経営の本質をついていると思いました。「障害を持っているのだから、時間を守れなくてもしょうがないじゃないか」と、物わかりのいい顔をしてしまうと、ずるずると甘え、歯止めが利かなくなってしまいます。そうなると、もう会社組織ではなくなって、単なるボランティア精神の実践になってしまいます。

大山会長の姿勢は、障害者であっても、一度採用したらどこまでもきちんと育てる責任を持つという、経営者のあり方の意思表明と言えるのではないでしょうか。

大山会長の経営者としての姿勢にふれて、私と同じことを考えているのだなと思いました。私は社員に非常に厳しく接する面も持っています。常日頃社員たちに「人は自分の人生に責任を持っているんだよ」という話をしています。

当社は個人の自己裁量に任せる部分が多く、自由な風土を醸成してきました。ただし、自由の代価は責任であるということもしっかりと伝えています。

個々人が自分で考えて行動して、その結果うまくいかなかったとしたら、それは経験として許容しています。しかし、ちゃんと考えずに適当にやってうまくいかなかったら、それは本人の心がけが悪いわけですから、当然の結果としてフィードバックを受けることになります。

私は公平に、公正に、社員一人ひとりの勤怠状態について把握しています。会社、お客様への奉仕を通して見えてくる仕事ぶりを評価して、責任ある仕事を任せて飛躍のチャンスを与えています。

たとえば、支社勤務で優秀な業績を上げた社員を本社に引き上げ、私の近くで仕事をしてもらいます。当然のことながら彼らは、最初のうちは支社業務とは異なる本社業務に戸惑いを覚えます。ルール一つを覚えるのにも苦労をします。

しかし、私が見込んだ社員は学習能力が高いので、どんどん吸収していきます。人財教育に携わって改めて実感しているのは、学習能力の本質にあるものは、自主自立だということです。学習能力とは、教えられたことを吸収し身につける能力以上に、自ら学び、考え、自主的に行動する能力だと思います。

私は社員のことをよく観察しています。これは経営者にとって、とても大事なことだと思います。そして、有能な社員に対してはハードルを上げ一生懸命訓練していきます。これは社員に対する関心、愛情の表れです。

人の成長、個人の成長なくして、企業の発展はありません。

社会において果たすべき会社の使命に気づく

経営者は、M&Aに限らず、本質的、長期的、客観的に見て判断しなければいけません。

しかし、その場しのぎの、今さえよければいいという短期的で主観的な意思決定をする経営者が少なくありません。

私は、ただ会社を大きくしようということではなく、経営の本質の中で調和し、バランスを取ることをいつも考えています。たとえば上場についても、何のために上場するかを考えるということになるわけです。

上場については、規模（スケール感）を考慮しなければなりません。いろいろなタイプの経営者がいらっしゃいますが、上場をゴールと捉えている経営者は危険だと思います。その一例が、上場の後のランニングコストを考えていないケースです。

中小企業の場合、上場するための費用はざっと見積もっても1億円ほどかかるでしょう。私なら、この1億円を社員に分配したほうがいいのではないかと考えます。

通常創業者は上場によって創業者利潤を得ますから、分配よりも創業者利潤のことを考えがちです。上場は十分にその魅力を持っています。

では私の場合、どれくらいの規模になったときに上場を考えるかと言えば、売上高１０0億円に到達したときです。売上高１００億円、経常利益20億円となれば、上場にかかる費用は20億円のうちの1億円ほど。経費をそのぐらいに抑えられるなら、余力もあるのでさらに伸びていくことができます。

その頃になれば、苦楽を共にしてきたメンバーに株を持たせてあげても、相応の株価がつくだろうと考えられます。なぜなら、実績は実在するものですから。今までも40年やってきたなら、これから先も崩れないだろうという思考になります。私は、そういう堅実に成長している会社に株価がつくと思っています。

ただしここで大事なのが、人はミッションについてきているのであって、決してお金についてきているわけではないということです。そこが判断基準のポイントになります。改めて言うまでもないことですが、ミッションとは、企業が社会において果たすべき使命のことです。

社会において果たすべき使命に気づいていない会社が存在するとすれば、それは残念なことです。いくら収入が高くても、社会から必要とされない会社で働いていると、いつかは疲弊し空しさを感じるようになるでしょう。

反対にミッションは働きがいになるので、苦しいときでも頑張る意味を見出せます。

たとえば当社の場合、コロナ禍の厳しい経営環境の中でも、ミッションに対して社員が主体的に一枚岩となり、苦しいときこそお客様の力になろうと短期間で社内にスタジオをつくり上げオンラインでのセミナーが実現しました。外部環境や社内がどのような状況であったとしても、ミッションから外れずに判断し続けることが大切です。

人軸経営の推進に欠かせない人材採用のポイント

中小企業にとって、新入社員の採用は社運を懸けた活動と言っても過言でありません。当社も例外ではありませんでした。第一期新卒採用以来20年になりますが、私はこれまで多くの学生を見てきました。

アチーブメントの場合は、社員が25名になったときに新卒採用を行いました。常識的に考えれば、社員が25名しかいない会社に入りたいと思う新卒者は、なかなかいないでしょう。それでもアチーブメントで働きたいと入社してくれた新卒社員には、次年度からの採用を考えてもらうことにしました。彼らが決めた当時の切り口は、〝即戦力人財〟でした。

入社を希望する学生も、ベンチャー企業で働く経験ができる、小さな会社だから将来独立するときに役立つであろう経験ができるといった理由で入社してきました。そして当然彼らは、独立していきました。

私は現実を受け入れました。しかし、新卒採用の年数を重ねるごとに離職者の数が減っていきました。会社自体も徐々に組織の体をなしてきたので、社員数が40名ほどになったときに、F1のスポットスポンサーとなり、ブランディング戦略を開始しました。鈴鹿のサーキット場に社員40名を連れて行き、世界の基準に触れることで、世界最高峰の人財教育コンサルティング会社を目指すというビジョンを共有しました。

実際に採用するか否かを見極めるうえで、ずっと大事にしてきた価値観があります。それは、この学生は「何を軸として生きているか」ということです。軸が不明瞭な学生には、人生において軸を持つ必要があることを話します。軸は、「組織軸」か「自分軸」かという2つのタイプに大別することができます。

「自分軸」というのは、自分の利益を優先する考え方です。このタイプの人は、自分を中心に物事を判断しますが、ときに非常に高いパフォーマンスを出すことがあります。能力面から評価すれば、非常に優秀で魅力的ですが、採用後に周囲の社員といい関係をつくり上げていくことが難しい場合があります。

これに対して「組織軸」とは、組織全体の利益を優先できる考え方です。このタイプの人は、組織の存在理由・ビジョンに共感し、周囲に対する思いやりにあふれ、仲間のために頑張ろうというエネルギーを持っています。

経営者として長期的に活躍してくれる人財を選びたいのであれば、組織軸を優先している人を採用することをお薦めします。組織軸を優先する人財は、パーパス型・ミッション型人財と言ってもいいでしょう。

パーパスは「目的」「意図」といった意味合いです。端的に言えば、会社の存在意義に共感し、それが自らの人生の目的を遂げることと一致している人財です。

たとえ短期間で成果が出なかったとしても、深いレベルで会社のミッションに共感していますから、絶対にこの人を育てきると決意し、どこまでも愛情を注げる上司がいたとしたら、その人財は必ず開花する日が来ます。

組織軸の人材でも育成の過程で、組織型人材と起業型（アントレプレナー型）人材に分かれます。勤めた会社を早期に退職し独立する人の多くは、起業型タイプです。起業型の人は、組織にいると伸び悩むことが多いので、早めに自分で起業する道を選ぶのが賢明な判断かもしれません。創業当初の当社の社員には、起業型タイプの人財が少なくありませんでした。

いずれにしても、当社は厳しい面もありますが愛情深い会社です。最後まで従業員の手を放さず、心から向き合うよう徹底しています。また、私はリストラを考えたことは一度もありません。結果を出せない人も決して切り捨てたりせず、人を育てることに対しては、簡単にあきらめません。

社員の内発的動機づけを尊重する

ビジネスモデルは、人事制度、人財教育制度と深いかかわりを持っています。アチーブメントの企業理念は次の通りです。

〝上質の追求〟
「わが社は選択理論を基にした、高品質の人財教育を通して、顧客の成果の創造に貢献し、全社員の物心両面の幸福の追求と、社会の平和と繁栄に寄与することを目的とします」

「選択理論」とは、アチーブメントが提供する教育プログラムの基礎理論になっているものです。わが社はアメリカの精神科医である故ウイリアム・グラッサー博士の提唱する「選択理論心理学」を基礎理論とし、「外からの刺激では人は変えられない」という立場から、自ら行動を選択する個々の内発的動機づけを尊重する人財教育を行っています。

多くの経営者およびマネジャー（中間管理職）は、「人は外側からの刺激によって動機づけられる」という前提を疑いません。ですから、メンバーを無理やり動かして、あるいは鼻先にニンジンをぶら下げて組織の目標を達成しようとします。

しかしこのやり方は、組織に恐れや面従腹背のずる賢さを生み、仕事に向かう社員を消極的にしてしまいます。

人は誰しも他人をコントロールすることはできません。外からコントロールばかりされていると主体性は生まれず、仕事のクオリティは期待できません。

つまり、アチーブメントの企業理念の背景には、人は自らの人生を自らの手でコントロールすることができるという選択理論の考え方があります。「選択理論を基にした」というのはそういう意味です。

そして、企業理念をお題目に掲げて終わらせるのではなく、誰よりも企業理念を体現することにコミットしてきたのは私です。企業理念によって会社が進むべき道を示し、事業ドメインも明確にしてきました。

創業時から常に私は、経営の目的は縁ある人を幸せにすることと考えてきました。36年間追求してきた結果、2023年版「働きがいのある会社」ランキング第2位にも選出されました（Great Place To Work® Institute Japan 主催　従業員100－999人の部門）。

では、幸せとはどのように定義できるのでしょうか？　「選択理論心理学」では、「5つの基本的欲求」が満たされる状態と定義されています。

これまでこの「5つの基本的欲求」が満たされる会社を実現したいと思い、不完全な状況の中でも必死に経営に魂を注ぎ、日々改善し続けてきたわけです。

ここで、「5つの基本的欲求」について簡単に説明しておきましょう。前述のグラッサー博士が提唱する「選択理論心理学」では、「人間は遺伝子に組み込まれた5つの基本的欲求を満たすために行動している」と説明しています。選択理論は、「すべての行動は自らの選択である」と考える心理学です。

1　生存の欲求……飲食や睡眠などの身体的欲求。主なものに安全・安定、健康が挙げられる。

2　愛・所属の欲求……誰かと一緒にいたいといった満足した人間関係を求める欲求。愛、所属の2要素がある。

3　力の欲求……認められたい、勝ちたいといった欲求。貢献、承認、達成、競争の4要素がある。

4　自由の欲求……自分のやりたいようにしたいという欲求。解放、変化、自分らしさの3要素がある。

5　楽しみの欲求……新たな知識を得たいという欲求。ユーモア、好奇心、学習・成長、独創性の4要素がある。

誰もがこの5つの基本的欲求を持っていますが、求める度合いは人によって異なります。誰よりも仕事の成果を上げて、価値ある存在だと認められたいという力の欲求が最も強い社員もいれば、精神的・経済的にも自由でありたいという自由の欲求が最も強い社員もいるでしょう。人は自らの5つの基本的欲求を満たそうとして行動をとると、選択理論心理学ではお伝えしています。

つまり、経営者は、社員の5つの基本的欲求を把握し、それを満たす会社づくりをすることが求められるということです。

この5つの基本的欲求を社員の会社に対する期待に置き換えれば、こうなります。

1　生存の欲求……将来の安定と保障。適度な休暇。衛生的で働きやすい職場環境。
2　愛・所属の欲求……欲求を充足できる良質な人間関係。社会とのつながり。
3　力の欲求……社会的地位と公平な評価。仕事のやりがいや充実感。
4　自由の欲求……高い報酬の取れる仕組み。裁量のある仕事。風通しの良い風土。
5　楽しみの欲求……仕事を通した自己実現。学びや自己成長。

5つの基本的欲求が満たされる職場環境をつくることで、社員が充実感、幸福感を感じて働くことができるのです。

組織とは、個人でできないことをするためにある

入社しても離職する社員がいる一方で、高いパフォーマンスを上げ続け、独立や転職の道を選ばず運命共同体とも言えるレベルで働いてくれる社員がいます。

この違いはどこから生まれるのでしょうか。私は、組織で働くことの醍醐味を噛みしめているかどうかだと思います。

組織とは、個人でできないことをするために存在しています。このことを十分に理解している社員には、組織の力やブランド、財源、人脈を活用して、思う存分自分の仕事を広げていける可能性があります。

あるレベルにまで到達すれば、個人の能力に差はあまりなく、個人の力だけではどうしても越えられない壁にぶつかります。組織の利点は、たとえ一人ではできないことがあっても、個人が成し遂げたいことが組織の目指す理想に合致し、筋が通っている内容であれ

ば、先行投資を受けられるということです。

企業が発展する原点は、例外なく「人財の質」です。コロナによって大きな打撃を受け売上が落ち、事業の撤退を余儀なくされた企業もあれば、過去最高の収益を上げて発展し続けている企業も存在します。

成長を続ける企業は、斬新なアイディアから新規事業を立ち上げたり、事業転換を図ったりして、逆境を力に変えることができています。それができる企業と、できない企業との差は、「人財の質」の違いです。これは、長年経営およびマネジメントを多岐にわたって研究し、数多くの人財育成や組織変革に携わってきた私の確信です。

組織の存在意義とは、個人の持つ強みを最大限発揮させ、相乗効果を生み出すためのものです。個人では10の力しか持っていなかったとしても、足し算ではなく掛け算となり組織になれば１００にも１０００にも力を伸ばすことができます。

組織力の後押しを受けて成果を出せば、さらに大きな仕事ができるようになります。組織を活用して自己実現できることが、組織で働く何よりもの醍醐味ではないでしょうか。

私はこの醍醐味を一人でも多くの社員に味わってほしいと心から願っています。これは自社の社員だけでなく、すべての企業に対してもそうであってほしいと思っています。

社会的に意義と価値のある事業を営んでいる限り、この醍醐味を理解できた人は、その組織を離れるという選択をしないでしょう。そうした人財で組織を固め、共通の理想を情熱的に追求していく。会社がどれだけ大きくなったとしても、大切にし続けていきたい経営の要諦です。

かつてアチーブメントに入社し1年目だった社員が、NHKの番組取材で「自分は、組織の歯車という生き方を誇りに思う。大きな志を全うするための歯車でありたい」と言い切ったことがあります。その男、橋本拓也は現在、取締役営業本部長という組織になくてはならない大きな歯車に成長しました。

経営者である私も、同様にアチーブメントという組織の歯車の一つです。その歯車は指導者、責任者という歯車です。経営者も組織の役割の一つを生きるということです。

一般的に歯車という言葉は、「組織の歯車では終わりたくない」といったネガティブなニュアンスで使われることが多いかもしれません。しかしいかなる組織も、歯車なくして前へ進むことはできません。優れた歯車であればあるほど、組織は快適に進むことができます。

アチーブメントという組織の歯車の総体はどこへ向かっているのか。それは「顧客への貢献」です。私は、顧客への貢献にこだわり続けて、今日まで会社を存続させてきました。

私は、全社員の物心両面の幸福の追求を企業理念として掲げたときから、自ら口にしたことは絶対に実現すると心に決めています。

新卒学生向け会社説明会トップライブで送ってきたメッセージも、ずっと変わっていません。私がずっと追求してきたもの、ずっと大切にしてきたもの。それは「真心」です。「社長は、採用のときと言っていることが変わった」「やっていることが変わった」……。わが社の社員でそう感じている人はいないと思います。

組織の信用があるから、社員一人ひとりの成長があるから、会社は成長してきました。私は、社員たちにはこの組織の一員として働けること、そのことに誇りを持って働いてほしい、この会社は不滅である。だから、一点の曇りもなく「企業理念」に生きてほしい、と常々話しています。

理念共感による組織づくり

やはり長い目で見て組織に残る人は、価値観の合う人です。長期間にわたって信頼関係が築かれていれば、余計な説明はいりません。通常の人間関係はお互いに品定めをしたり、一緒に仕事をする間に忖度が行き交ったりするプロセスが生じることがあります。

人事考課制度もそうですが、当社は実力主義型終身雇用制度です。本来実力というものは上がったり下がったりするものではありません。確実に積み上がっていくものです。

私はこれから先、アチーブメントがさらに成長していくことを確信しています。なぜなら、社員がみんな成長していて迷いがないからです。私はいかなるときも、社員に感謝の心を持って接しています。

当社にはノルマがありません。経営の目的は社員を幸せにすることだからです。私は、社員との「物心両面の豊かな人生の実現」という約束を誠実に果たそうとしているだけです。ですから当然、社員の誰に対しても無理を強いることはありません。

当社の場合、人財採用に関しては「理念・ビジョンに対する共感性」と「能力」の2軸で見極めています。もちろんこの2つを満たすのが理想ではありますが、新卒・中途採用を問わず重きを置いているのは、「理念共感型採用」です。

社員の物心両面の豊かな人生を実現するカギは、経営の構想づくりが握っています。構想から構造がつくられ、社員はその構造の中で働いているわけです。前述した歯車というのは、構想と構造を駆動させるトランスミッションとも言えるもの。ですから、構想をつくり出す経営者に実力がなければ、いくら社員が頑張っても利益は生まれないのです。

こうした仕組み、構造をどうつくっていくか。経営者として気をつけなければならないのは、「淀み」です。つくられた仕組みや構造のどこにも淀みが起きないように活動していくこと。そしてそれができるかどうかは経営者の腕にかかっています。

そのために大事なのがルール、すなわち規則です。当たり前のことを当たり前に、特別に、熱心に、しかも徹底的にやり続けていく。日々組織のメンテナンスを続け、マネジメントの質を高めていくのです。

適正能力のある人間を上司に置く、実行を公正に評価する仕組みをつくる、人事考課制度、人財育成の仕組みをつくるといったことが必要になります。また、社員からの質問、疑問、意見などに速やかに対応するということも、ないがしろにされがちなポイントです。

経営は、人の心と心のつながりです。経営とは、本当は難しいものではないはずです。ただし、真心を持たない人間にとっては、非常に難しい仕事になります。

経営者は、事業をつなぐという視点と成長戦略の視点の両方を持たなければなりません。事後対応としての事業承継だと、もう成長などと言っている余裕はなく、そのままバトンをつなぐしかなくなってしまいます。逆に言えば、十分な事前対応ができているからこそ、事業承継と成長戦略の両方を見据えることができるのです。

繰り返しになりますが、経営者は経営にデザインを持つことの大切さを十二分に認識してください。

第3章

経営者個人が理念（人軸）経営の原点

青木仁志

M&Aの失敗要因を紐解いていくと、その源は経営者にあります。トップの存在が大きく影響します。すべては経営者自身の生き方、人生理念から始まります。第3章では、経営者個人のライフデザインを描くことの大切さを明らかにしていきます。経営者個人が理念（人軸）経営の原点です。だからこそ、経営者の自己成長が大事になります。会社の発展の源は、経営者の動機の純粋性と一貫性にあります。ライフデザインから人生理念までに一貫性があれば、善循環が生まれます。最終的にM&Aのすべての責任は、経営者の決断と実行が負っていきます。

経営者の求心力は一貫性と動機の純粋性

第1章、第2章で語ってきたように、人軸経営実践の秘訣は、特に中小企業の場合はトップである経営者にあると言っても過言ではないでしょう。そこで第3章では、経営者であるあなたが組織の求心力を高めること、そして個人のライフデザインをしっかり描くことが大切だということを明らかにしていきます。

多くの経営者に接してきた私が思うに、成功する経営者は必ず３つの資質を持ち合わせています。それは、判断力・実行力・リーダーシップの３つです。M&Aの買い手側における失敗要因を紐解いていっても、この３つが不足していることが多いです。

企業理念・ビジョンから一貫した揺るぎない判断力、人を惹きつけるリーダーシップ、判断を正解にする実行力。この３つは、共に働く社員の力を最大限に活かし、組織が最大のパフォーマンスを上げるための必要条件です。

特に経営者に求められるのは判断力です。私も会社を経営する中で何度か大きな決断をしてきました。選択の質は、会社の明暗を分けます。一つの判断ミスで会社を倒産させてしまうこともあります。そうなると、お客様にご迷惑をおかけするだけでなく、社員を路頭に迷わせてしまい、社員の家族の人生にまで大きな影響を及ぼします。

では、どうすれば効果的な判断を下せるのでしょうか？　私は常に本質的、長期的、客観的に見て正しいかどうかを判断基準にしてきました。

本質的とは、自分や会社が大切にしている価値観に反していないかどうか。

長期的とは、目先の損得ではなく、長期的に良いものになるかどうか。

客観的とは、自分だけが良いと思うのではなく、誰が見ても良いと思えるかどうか。

大切なことは、経営者が、判断力、実行力、リーダーシップを高め、社員や顧客に対して求心力を持っているかどうかということです。

その源泉となるのが、経営者の「動機の純粋性」。目の前の人にただ喜んでほしいという純粋な想いです。私は、家族、社員、お客様に豊かで幸せな人生を歩んでほしいという強い想いに突き動かされています。

長年、多くの経営者を見てきましたが、エゴが強くて自分さえよければいいと考えている方が大勢いらっしゃることを再認識しました。そういった方たちは、事業承継、M&Aを考える際にも、会社の存続、社員の行く末よりも、築いてきた資産、財産を失いたくないという私心を優先しがちです。

こういう経営者のもとには人は集まりませんし、仮に集まったとしても育ちません。「私についてこい」と言っても有能な人ほどついてこないでしょう。経営者のエゴが強すぎる会社は、働く人間にとっても顧客にとっても魅力のない会社というわけです。

私心を優先する経営者は、「経営の目的は利潤の追求にある」という考えに疑問を抱きません。そうした考え方を後押しする学者もいます。ノーベル経済学賞を受賞したアメリカの経済学者ミルトン・フリードマンはかつて、「企業のただ一つの社会的責任は、持てる資源を使って利益を増大させることである」と言い切っています。

企業は株主のために利潤の最大化を考えておけばよいとするフリードマン的立場に立てば、自社が提供している価値に対して正当な対価を得ることを経営の第一義とする考え方は間違っていません。利潤を追求する経営は、疑うべきものではないのです。

しかし、自社の利潤のみを追求するような利己的な経営が行き過ぎてしまうと、いずれ社員は疲弊します。みなさん、社員たちの働く姿を見てください。生き生きとした表情をしているでしょうか。もし晴れやかな顔をしていないとしたら、自身の価値観を見直すべきときかもしれません。

そういった会社は、社員を大切な人財ではなく目標達成の手段、コスト（費用）と捉えている傾向にあります。そこに、社員への愛があるとは思えません。

私は一貫して、「利益は目的ではなく結果である」と言い続けています。かつてそんな私の考えに、経営を知らない未熟者の妄言だと意見してくれた先輩経営者たちの会社の多くは、今はもう存在していません。

創業時から現在に至るまで、お客様に誠実に価値を提供し続けてきた結果、得られる果実が利益であるという私の考え方は、一度たりともブレたことがありません。この点においても、共著者の仙石さんとは相通じるものがあります。

私は自分が不完全な、至らない人間だということを誰よりもわかっています。だからこそ、縁ある人を幸せにすることの大切さを自覚して生きてきました。

経営の目的を明確にするためには、まず経営者が人生理念を確立しなければなりません。そこから経営理念を明確にすることが理念経営の第一歩です。

発展し続ける企業には共通する原則があります。それは経営者自身が会社の理念を最も体現しているということです。経営以前に、経営者が一人の人間として人生理念を確立し、人生ビジョンを掲げ、いかなるときも一片の迷いもなくひたすらに追い求め続けることが大切です。

今回のコロナ禍は、大中小を問わずすべての企業の経営者の力量、資質が問われました。ギブアップしてしまった経営者がいる一方で、さらに強さを増した経営者もいます。私はよく受講生や社員たちに「チャンスはピンチの顔をしてやってくる」と言っています。ピンチのとき、苦境のときこそ経営者は「動機の純粋性」を大切にして、社会が何を求めているかを考え、大胆かつ勇気ある決断をすることが求められます。

仕事の中に人生があるのか？
人生の中に仕事があるのか？

私は、戦略的人生経営を進めている過程で一つの気づきを得ました。若いときには、仕事の中に人生がありました。ですから自分も会社も成長できたわけです。しかし改めて思うことは、仕事の中に人生を置くのではなく、人生の中に仕事を置いて、家族や大切な人を大切にする生き方の方がより上質だということです。何を第一にするかで人生が決まります。

「ビジネスはサクセス」であり「プライベートはハピネス」です。

ビジネスは、目的・目標達成を追求します。目的とはすなわち理念・ビジョンです。理念・ビジョンに対する目標を持つ。当然ですが、企業は経済活動を基本とした人間集団であるわけですから、目標を数値化し、事業計画に落とし込みます。事業計画が実行できるようにルールをつくり、全員にルールを守ってもらう仕組みをつくります。

一人ひとりの社員が日々の思考管理、行動管理を実行できるように会社としてサポートをします。

そしてプライベートは、成果を第一とすることなく、楽しさや喜びを味わえる生き方を第一にしています。

私は家族との時間、二人の子どもたちとの時間をかけがえのない大切な宝物として大事にしてきました。これまでふれてきたように、私は現在、事業承継を視野に入れて経営をしています。

親族だからといって、子どもに事業承継を強いるのは、親の正しさの押し付けではないでしょうか。とかく正しさを貫くと人間関係が壊れるものです。私自身のことを言えば、自分が創業した会社を自分の子どもたちに継がせようとは考えていません。子どもたちも、私にこう言いました。

「僕たちはお父さんの会社を継がないほうがいいと思う。なぜなら、お父さんには教育に対する強い想いや、貧しい生活をした過去があって、縁ある人を物心共に豊かにしたいという強い想いで事業にかかわり、その熱量が社員たちにも伝わったからこそ、今の一致団結したアチーブメントがあるのだと思うから。僕たちが社長の子どもだからと会社に入っても、同じようにはならない。結果的に会社自体のパフォーマンスが下がったら、会社は悪い方向へ向かってしまう」

そして、子どもたちは現在、それぞれ自ら起業し自主自立の人生を歩んでいます。

仮に経営の中に人生があると考えていれば、そのような判断はできなかったでしょう。

理念から一貫した人生を歩むためのフレームワーク

「人生の中に経営がある」――そう考える前提に欠かせないフレームワークをご紹介しましょう。

真摯に事業と向き合い、会社の永続的発展を考えている多くの経営者は、企業理念、企業ビジョンを掲げていると思いますが、自社の企業理念については語れても「あなた個人としての人生理念、人生ビジョンは？」とお尋ねすると、返答に窮する方が多いようです。

企業理念とは、「企業がなぜ存在するか」「何のために経営を行うのか」など、企業の根幹を支える価値観・考え方を明文化したものです。言語化した企業理念を掲げることで、社員と日々行うべき行動規範を共有することができます。また、顧客にその企業の考え方や事業の意義を示し、実践することで、満足を超える感動をつくり、企業のファンをつくることにもつながります。

ところが、せっかくの企業理念も額縁の中のお題目になってしまっている企業が少なくありません。理由は様々ですが、突き詰めると最大の要因は、経営者や管理職が自ら率先して「企業理念」を実践していないことだと思います。

私はこれまで7000名以上の経営者を指導してきた経験から、発展し続ける企業に共通する「ある原則」を見出しました。それは、経営者自らが会社の理念を最も体現しているということです。そのためには経営以前に、経営者が一人の人間として人生理念を確立し、それを体現しようと日々挑戦しなければなりません。

ですから、私が強く経営者にお伝えしているのは、「誰のために、何のために経営しているのか。この経営の目的を明確にするためには、まず経営者が人生理念を確立しなければならない」ということです。

多くの経営者が、企業理念については考えていても、個人の人生理念について考える機会をあまり持っていないのは、前述したように「経営の中に人生がある」と思い込んでいるからかもしれません。

人生理念とは、人生の土台となる、大切にしたい価値観や考え方のことです。私の人生理念は「愛・至誠・感謝」です。どのような状況下にあろうとも人の可能性を信じ、誠実さを貫き、すべてのことに感謝しながら人生を全うする。この人生理念をもとに、私は日々の行動を選択しています。

私の中には、数多ある企業の中からアチーブメントを選んでくれた社員への感謝の気持ちがあります。その感謝の気持ちを愛によって体現するために、私は社員の誕生日に一人ひとりメッセージを添えて花を贈っています。あるとき秘書から「社員数も増えてきているので、メッセージは部門の責任者に任せたらいかがですか」と言われたのですが、私は「社員が好きで、楽しみでやっているのだから」と答えています。

また私は、毎日X（旧ツイッター）やフェイスブックなどのSNSに時間を割いています。目的はお客様のフォローのためです。これは、アチーブメントで学んでくださった方への感謝の気持ちの表れであり、すべてのお客様に成功していただきたいという私なりの誠実さを体現した行動でもあります。

そういった私の生き方を社員は少なからず見てくれていて、私と同じようにお客様の成果の創造に向けて熱心に仕事に取り組んでくれています。

こうした考え方、実践の土台になっているのが、「アチーブメントピラミッド」というフレームワークです。言い換えれば、自己を確固たるものとして戦略的に目標を達成する概念を示したものが、「アチーブメントピラミッド」です。

「アチーブメントピラミッド」は、5つの要素から構成されています。

1　人生の土台となる価値観を固める。人生理念の確立。
2　その上に構築するビジョン、人生の目的を明確にする。
3　目的を遂げるための目標を設定する。（何をいつまでに行うのか）
4　目標を達成するための計画を立てる。（達成の手順、方法、内容を決める）
5　最終的に日々の実践に落とし込み行動する。（優先順位に沿った行動をする）

アチーブメントピラミッドの概念を頭で理解することは、さほど難しいことではありません。しかし、理念から一貫性を持って日々実践し続けるということは一朝一夕にできることではありません。ですので、自らのアチーブメントピラミッドを確認し、自分がそこに生きているかどうかを考え、1日を振り返ることを日々続けてみてください。

あなたの人生理念は何か？

あなたは誰のために、何のために、なぜ経営を行っているのか？

[個人のアチーブメントピラミッド®]

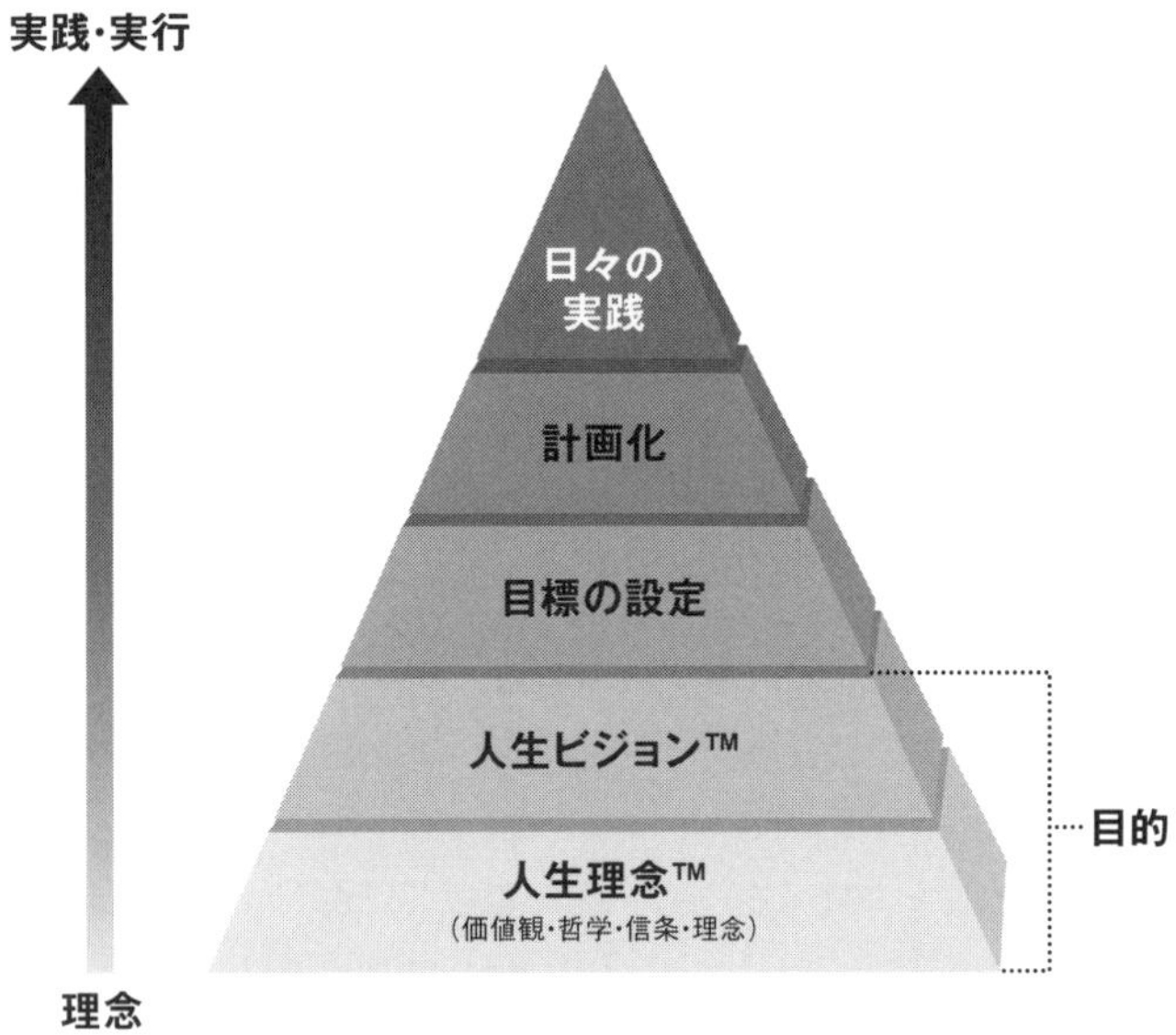

※「アチーブメントピラミッド」はアチーブメントの登録商標です。

経営者が自らの人生理念を明確にすること。そのためには、経営者である前に一人の個人としてアチーブメントピラミッドを確立し、体現する。この率先垂範こそ、理念経営の第一歩です。

「アチーブメントピラミッド」を明確にする方法

「アチーブメントピラミッド」を明確にしたとしても、日々起こる変化やできごとに流されてしまい、アチーブメントピラミッドに一貫性を持たせることは容易ではないかもしれません。

そこで実践していただきたいのが、セルフカウンセリングです。セルフカウンセリングは、願望を明確化し、今選択している行動と向き合う手法です。これは、４つのステップから成り立っています。

ステップ❶　願望の明確化

「私は何を求めているのか？」

「私にとって一番大切なものは何か？」

「私が本当に求めているものは？」

ステップ❷　時間とお金の使い方のチェック

「そのために今何をしているのか？」

ステップ❸　主観を絶対視せず客観的に行動を自己評価する

「その行動は私が求めているものを手に入れるのに効果的か？」

ステップ❹　改善計画とその実践

「もっとよい方法を考え出し、実行してみよう」

願望を明確にするということは、「何となくこれをやりたい」というレベルではなく、「何がなんでもこれをやりたい」といった、心の底からわき上がってくる燃えるような願望を持つことです。的が無ければ矢を射られないのと同じように、「願望」というゴールが曖昧なままでは行動を持続することはできません。

燃えるような願望を手にするために最も効果的なのは、毎朝早く起きてセルフカウンセリングを行うことです。セルフカウンセリングを繰り返し行うことで、本当に求めているものが明確になってきます。願望を明確にするには時間とエネルギーが必要ですし、決して簡単なことではありませんが、徹底的に行うことです。

燃えるような願望を手に入れると、判断軸が定まり、迷わなくなります。もっとこうしてみようとアイディアもどんどん浮かんでくるようになるでしょう。その結果、自己との対話（考える時間）の質が上がります。

目的・目標が定まったら、計画はすべて手帳・スマホなどに残し、そして毎晩実行の有無を振り返るようにしましょう。日々願望と行動が一致しているかどうかをチェックすることで目標達成へと近づけます。

目指すものが明らかになれば、代償の先払いが変わります。何にお金を使っているかを見ると、その人の本質が見えてきます。自分の求めるものを明確にし、一日をどう使うか、時間軸で管理しましょう。時間の使い方が変わるとお金の使い方も変わります。すなわち人生が変わります。

ですから、毎日セルフカウンセリングをしましょう。続けていると求めるものに効果的な行動を選択できるようになります。セルフカウンセリングによって、自分の中に存在する願望や今選択している行動と向き合いましょう。

徹底的に自分と向き合い願望を明確化し、現状を振り返ると、未来の実行プラン、戦略を描くことができます。未来を知る者は、その未来をつくり出す者自身です。人生は有限です。だからこそ一度限りの人生を、自分の意思で充実させ、有意義かつ楽しく過ごしたいと、誰もが願っています。

セルフカウンセリングの主語である「私」を「社員」「お客様」などに置き換え、「社員にとって本当に大切なものは何か」「社員が本当に求めているものは何か」と、自分自身に問いかけていきます。そうすることで、企業理念からブレることなく、「人」を大切にする経営判断を行うことができます。

そのような取り組みを積み重ねることで、経営理念と社員一人ひとりの人生の目的や使命感がうまく噛み合い、企業が目指すビジョンと個人の自己実現の方向性が一致すれば、組織は個人の成長を支援し、個人は組織の発展の原動力となります。

戦略的人生経営を生きる

「アチーブメントピラミッド」に沿ってストーリーをつくり、「セルフカウンセリング」を日々実践するという人生は、戦略的に人生経営を考えるということに他なりません。

戦略的に人生経営を進めるためには、まず自分の人生を5つのステージに分ける必要があります。ステージごとの年齢は自分で決めていきます。以下の年齢は私の場合です。

第1のステージは「学習の段階」(17歳から27歳まで)。職業人として自立し、ひたすら時間を投資し、能力開発をしながら疾走していた時期です。私の場合はセールスの世界で疾走していた10年間でした。

第2ステージは「指導力開発の段階」(28歳から35歳まで)です。人を育てられる人間にならなければと考え、時間とお金を部下の育成、採用、自らの能力開発に投資しました。

第3のステージは「挑戦の段階」(36歳から45歳まで)です。「学習の段階」と「指導力開発の段階」を経て、初めて自分の器を大きく成長させる10年を迎えました。

第4のステージは「富の形成の段階」（46歳から60歳まで）です。前の3つのステージから富の形成の段階に入りました。優秀な社員が増え、人脈ができ、経済的な余裕もできて、今まで築いてきた有形無形のあらゆるものが善循環し、これまでの投資が報酬として自らに返ってくる収穫の段階を迎えたわけです。

そして、第5のステージが「社会還元の段階」（61歳～）です。得た富や知恵、経験を社会に還元していく時期を迎えます。

どのステージで何を代価として払い投資するか、どのようにステージを上げていくか、自分なりの戦略的人生経営を設計してみてください。

一番大事なことは、戦略的に生きて、自分の強みを徹底的に伸ばすことだと思います。ですから、ラ・ロシュフコーの箴言《しんげん》を引用しましたが、人と比べる必要などないのです。自分の中にあるオンリーワンを、いかにナンバーワンに育てていくか、それが大事なことだと思います。

私は自分のしたいことをとことんやってきました。多くの人は「とりあえず」が多いようですが、努力よりも正しい選択を優先することのほうが大切です。

原理原則は数千年を経ても不変である

アチーブメントは、コロナ禍を生き延びたばかりか、成長してきました。企業経営が、少なからず環境面の影響を受けることはすでにふれました。私が強調したいのは、あらゆる生きものは逆境のときに成長し、順境のときに衰退するということです。

このことに気づく経営者と気づかない経営者の違いは、どこにあるのでしょうか。それはチャレンジや努力の方向が、我欲の方向を向いているか、世の中に貢献できる会社をつくろうという方向を向いているかの違いです。もちろん順境のときに衰退に向かっていることに気づけるのは後者の経営者で、そういった状態になったとき、彼らは軌道修正する力を持っています。

私は29歳のときに聖書を通じ「人々からしてほしいと望むとおりのことを他の人々にもそのようにしなさい」という言葉に出会い、この命令に従って生きてきただけです。

日本には「損して得取れ」「情けは人の為ならず」といったことわざがあります。そこに流れているのは、まぎれもなく最終的に自己に還ってくる利他の精神です。中国の古典にまで遡れば、「義を先にして利益を後にする者は栄える」から生まれた「先義後利」という考え方に行き着きます。これは商売の世界のことだけでなく、人間の生き方にも当てはまります。

つまり、原理原則というものは、孟子、荀子の時代から数千年を経た今でも変わっていないということです。

「真理に対して従順であれ」とおっしゃったのは、松下幸之助さんです。9歳で丁稚奉公に出され、徒手空拳《としゅくうけん》で起業し経営の神様の異名を持つまでの大経営者になれたのは、真理を求める心があったからでしょう。

松下幸之助さんは、こんなふうにおっしゃっています。

真理を求める心ゆえに素直さが生まれるが、素直さというのは何に対しても従順であるということではないのではないか。素直さとは、何が正しいのかを見極めて、それに従う心の姿勢のことである。だから、素直になる心を極めよう。そうすれば人は聡明になり、強くなれる、と。

何が正しいのか、それが真理ということになります。このとき中小企業の経営者は、自分の物差しで考えざるを得ません。その物差しは利己と利他に分かれます。

松下幸之助さんは、正しいこととは、お客様にとっても、社員にとっても、株主にとっても、取引先にとっても、社会にとっても、自分にとってもよいことであり、それも今だけのことではなく、これから先もよいことであると定義しています。

私は、求道者のように正しいことを追い求める心を育むことが、失敗しない経営、大きなつまずきをしないで済む経営を生むと思います。

それは私心、我欲の対極にある生き方です。つまり私は、オーナー社長であっても、実は「〝原理原則というオーナー〟に雇われた社長」ということになります。

それだけではありません。社会からも雇われて、株主からも選んでもらって、取引先、お客様からも選ばれて初めて経営ができるわけです。そして、社員からも社長として選ばれている（認められている）わけです。

この選んでいただけていることへの感謝の気持ちがとても大事になります。ですから、経営者は驕り高ぶってはダメなのです。

「いかなるときでも、自分は驕り高ぶってなどいない」と言い切れる経営者がどれだけいらっしゃるでしょうか。人間は驕り高ぶる存在です。いくらきれいごとを並べてもエゴからは逃げられません。

ですから、修業があるわけです。そこに、人間がいくつになっても学び続けることの意味と価値があるのです。また、学習を始めるのに遅すぎるということはありません。義理ある人から薦められて、仕方なくといった消極的な姿勢からの学びは、結局のところ身につくことはありません。自ら本当にこれは必要なことだと、心から納得してこそ、学びは血肉となります。私はもう十分にでき上がっている人間だと思った瞬間、衰退が始まります。

M&Aにおいては、買い手企業も、売り手企業も利益至上主義から脱却し、理念経営を推進していくことが成功の秘訣です。言い換えれば、人、理念にフォーカスしていくことが、成功への道だということです。それが、原理原則です。

それを実現するためには、トップが一貫性を持って生きること。それが47万名の人財教育に携わってきた私の結論です。

次章からは、私がここまで語ってきたことと、M&Aのプロの発言がどのように共鳴し合っているかを見ていきます。そもそもM&Aとは何か。成功するM&Aと失敗するM&Aの違いはどこにあるのか。何をもって成功と言えるのか。実際にM&Aに深くかかわってきている仙石さんに貴重な体験を開示してもらうことで、みなさんにリアルな追体験をしていただき、M&Aの実情に迫っていきます。また仙石さんのパートに入る前に、リアルなM&Aの事例として、株式会社リラックスのストーリーをご紹介します。

コラム

M&Aケーススタディ

命を懸けて託したもの、託されたもの

買い手企業　株式会社ケイズグループ
売り手企業　株式会社リラックス

人の命には限りがあるが、組織は生き続けなければならない。これは、文字通り命のカウントダウンの中で、売り手企業の経営者の熱い想いにより、冷静な最後の決断を迫られたM&Aの事例である。そして、売り手企業だけでなく、買い手企業にも伝えたい本書の著者たちの主意を集約したM&Aの成功例でもある。

創業者は社員の幸せを願ってM&Aを選択した

年齢や体の不調を理由に、事業承継、M&Aを考える経営者は少なくないが、株式会社リラックスの創業者竹澤誠一会長は、自らの余命がいくばくも残されていないことを知っていた。

リラックスは、東京を中心とする関東エリアにおいて、質の高い技術・接客につながる徹底した教育を行い、それに裏づけられた本格的な整体・リラクゼーションを提供し続けている会社である。さらにプロスポーツ選手のコンディショニングトレーナー業務、リハビリ事業も手掛けている。

死と向き合った竹澤会長の心の奥底にあったのは、自分のこと以上に残される愛妻のこれからの人生、会社、社員の行く末であった。数十年かけて大きくしてきた事業、わが子のように育ててきた会社の将来を決めずに逝ってしまうことはできない。その想いは、日ごとに募っていった。

病と闘いながら、会社の、社員の将来を考えなければいけない。いかなる経営者も皆孤独である。最終決断はいつも一人で下さなければならない。身体的苦痛とともに経営者にしかわからない心労は深まっていくばかりであった。持って行きどころのない無念さは、覚悟の諦念に変わっていたが、会社の行く末についてはなかなか望ましい結論に辿り着けず、手持ちの時間は砂時計の砂のように確実に減っていった。

そんな竹澤会長が頼ったのは、長年の親友で肝胆相照らす仲のアチーブメントグループ代表・青木仁志だった。

竹澤会長の本音を聞かされた青木代表は、M&Aを考えてみてはどうかと提案した。竹澤会長にとって、M&Aは初めての経験である。一般的な知識以上にM&Aがどのようなものか実態はよくわかっていなかったが、「そうか、その手があったか」と、竹澤会長は本気でM&Aを考え始めたのである。M&Aは何よりもきっかけが重要である。

青木代表が最優先に考えたのは、リラックスをどこよりも高く買ってくれる会社を探すことではなく、竹澤会長の〝社員を幸せにしたい〟という想いを託すのに最もふさわしい会社を探すことだ。そして、熟慮のすえに選んだのが、ケイズグループの小林社長だった。

実際にリラックスとケイズグループのM＆Aを仲介したのは、M＆Aの経験が豊富な南青山アドバイザリーグループの仙石代表であった。

今回のM＆Aは、竹澤会長、小林社長、仙石代表、そして青木代表の4人による都内ホテルでの初顔合わせからスタートした。この時点では、竹澤会長はまだ歩ける状態であったが、ほどなくして病が進行し足を切断することになる。

交渉時間には限りがあり、失敗は許されないギリギリの状況であった。M＆Aの成否が、大げさではなく会社の、社員の生死を握っていると言っても過言ではなかった。

教育に対して時間とお金を具体的に投資してきたかがポイント

ケイズグループは全国191院（2023年8月時点）の治療院グループを展開する業界規模トップクラスの企業。代表の小林社長はこれまでに8件ほどのM＆Aを実行してきた。それらはすべてケイズグループの「地域医療の充実と整骨業界への挑戦、そして東洋医学の継承を通じて21世紀を代表するウェルネスカンパニーへ」というビジョンに基づいた経営戦略のもとに実施された。そして、小林社長が創業以来、経営者として大事にしてきたものは「人」であった。

日本の総人口は2004年をピークに急激な減少を見せ、2005年から2050年には1億人を割り込んで約3300万人減少することが予想されている。高齢人口が約1200万人増加するのに対して、生産年齢人口は約3500万人、若年人口は約900万人減少すると言われている。その結果、高齢化率は約20％から約40％に上昇する。

したがって今後どの企業も、人材採用で苦労することは明らかである。事業を成長させ、業績を伸ばすためには、採用がボトルネックになる中で、どう人を増やしていくか。経営課題の解決策として、小林社長はM＆Aを一つの大きな戦略として捉え、3、4年前から積極的に行ってきている。

小林社長のM＆A戦略は、基本的には同業種の会社を相手としてきた。今回のリラックスに対するM＆Aも、基本路線から逸脱するものではなかった。

鍼灸整骨院事業を中核にヘルスケア市場で多角的な経営を展開しているケイズグル

ープは、以前から整体・リラクゼーション事業への進出を視野に入れていた。新たな事業創出を「選択と集中」という観点から考えると、一から立ち上げるにはかなりの経営資源を投入しなければならない。

そんな折に、保険診療による鍼灸整骨院事業を基盤とするケイズグループにとって、自由診療（健康保険を使わない）での整体・リラクゼーション事業を基盤とするリラックスとの出会いは、まさに新たな市場への事業領域拡大が期待されるものであった。さらに青木代表からの紹介であることも、小林社長にとってはリラックスとのM&Aを前向きに考えるのに十分な理由であった。

竹澤会長やリラックスについて、必要なことはすべて青木代表から聞いていた小林社長は、リラックスの場合もどうすればM&Aが成功するかがわかってきていた。それは、売り手企業の社長と会社が、どのくらい深くどのような社員教育を行ってきたかを重視するということだった。

教育といっても、知識やスキルの習得はもちろん、価値観の教育ができているかということ、加えてその教育を社員に浸透させる文化があるかということが重要である。そしてそれは「時間とお金」の使い方を見ればわかるという。具体的には、経営者が社員教育にどのくらいの時間をかけてきたか、また、決算に表れる社員教育への投資金額。それが、M&Aにおいて小林社長が最重要視する判断基準となっている。

M&Aか、相続か、時は容赦なく過ぎて行った

M&Aの話が進むにつれて、それぞれの相手への理解も深まっていった。小林社長は初対面のときから、竹澤会長の社員にかける熱い想いを感じ取っていた。アットホームな会長、それが小林社長の竹澤会長に対する第一印象だった。

小林社長の中で、リラックスへの好感度が高まったのは、ナンバー2の川下専務の存在も大きかった。川下専務の人となりを理解するにつれて、小林社長が最重要視している教育がしっかりなされていることがわかったからだ。

竹澤会長も、小林社長に対して好印象を抱いていた。仲介の立場から両者と接していた仙石代表はこう語る。

「面会を重ねていく中で小林社長に人徳がそなわっていることが伝わっていったよう

です。竹澤会長が、自分がこれまで取り組んできた経験を小林社長にお伝えできると、ワクワクしながら話されていたことを覚えています。ご自身も顧問として残って、自分が培ってきた人脈などを全部小林社長にお伝えしたら、さらに小林社長も大きくなられるだろうと楽しそうにお話しされていたのが印象的でした」

M&Aのプロの立場から両者を客観的に見てきた仙石代表にも、それぞれの立場で社員教育に力を入れて、共に理念経営を実践していることがわかった。

小林社長は、病床の竹澤会長に代わって川下専務と交渉を進める機会が増えていった。川下専務と接するたびに、リラックスが規律のある会社だということがひしひしと伝わってきた。

小林社長は、デューデリジェンスに入りリラックスの社員たちと話す機会を得たときに、規律がすべての土台であり、その上にいろいろな教育がなされるという持論が、リラックスでも実践されていることを知った。社員の言動と竹澤会長や川下専務の話に齟齬は全く感じなかった。

だからといって、そこからスムーズに締結まで進んだわけではなかった。問題だったのは、時間である。その事情については、仙石代表に語ってもらおう。

「竹澤会長が一度退院されたときに、会長のご自宅に伺ったんです。余命が長くないことも聞いていました。ここで契約を決めずにお亡くなりになってしまうと、その後の相続問題になってしまうので、なんとか決断していただきたいと考えていました。会長は社員に対してもそうですが、奥様に対する愛情が非常に強い方なのです。最後まで奥様に何か懸念を残すようなことは避けてほしいとおっしゃっていました」

仙石代表には忘れがたいエピソードがあった。病気の影響もあったのだろう。竹澤会長は明快な回答ができなかった。いささか思考も混乱していたのかもしれなかった。

「言いたいことはわかった。それじゃ、仙石、お前はどっちの味方なのだ」

「最初から会長の味方ですよ。ただ、契約なので、まとめなければいけないんです」

あえてそう即答した仙石代表は、そうでなければ相続の話になってしまうという言葉を飲み込んだ。それは、亡くなる1ヵ月ほど前のことだった。

その後、仙石代表は小林社長に連絡を取った。

「小林社長、こういった状態なので竹澤会長は危ないかもしれません。言葉もしゃべりづらくなり、こちらも聞きづらくなってしまっている状態です。今、会長は交渉できる段階ではなくなってしまっています。なんとかここで契約していただけませんか」

心痛に満ちた仙石代表の話を聞いていた小林社長は、多くを語らなかった。包容力に満ちた竹澤会長の笑顔が浮かんだ。もう二度とあの笑顔に会うことはできない。語り合う時間はあまりにも少なすぎた。小林社長にできたことは、男気を発揮して契約を承諾することだった。

そして1週間後、竹澤会長は亡くなった。あのタイミングで小林社長のOKが出なかったら相続の手続きに入っていたと、仙石代表は振り返る。本当にギリギリのタイミングだったのである。

竹澤会長の捺印は、奥様に契約書を託して、病床の枕元で行ってもらった。それが、竹澤会長のこの世での最期の仕事となった。仙石代表は、涙をこらえながら契約書を手に病室に入っていった奥様の気丈さと夫への深い愛情に頭を下げた。

家族、親族以外で竹澤会長に接していた仙石代表は、述懐する。

「売り手企業の経営者のほとんどがそうであるように、竹澤会長もM&Aは初めての経験でした。ですから、不安材料もたくさんあったと思います。そこに病気が重なったわけですから、通常の交渉ができる状態ではありませんでした。自分が数十年かけてつくってきた事業、自分の子どものような会社ですから、お金ではないところも含めた価値として、高く評価していただきたいという想いがあったと思います。奥様はもちろん専務をはじめとする社員の方々への想いというものを最後に非常に強く感じました。小林社長とお会いしていただいた頃は、一人で歩けましたし、私も食事に連れて行ってもらったりしました。それが1年間で一気に病気が進行してしまいました。最後は契約の交渉は難しいのではないかというぐらいに衰弱されて……。最後の最後に小林社長にご配慮いただき、そして悲しみを抑えながら奥様を通じ、病床で会長から直接印をいただけたことは印象的でした」

仙石代表は続けた。

「たぶん会長はご自分の余命がどれくらいかということも、おわかりになっていたのではないかと思います。契約を結んで、奥様、社員の方に迷惑をかけたくないという想いが最後の力となって出ていらっしゃったような気がします」

仙石代表にとって、竹澤会長は生涯忘れ得ぬ人となった。

M&Aで焦りは失敗の元。あえてゆっくり進めていく

竹澤会長の想いを託された小林社長は、リラックスの社員全員の前に初めて立ったとき、こう語りかけた。

「竹澤会長にここまで育てていただいた会社を引き継ぐにあたって、最初にみなさんにお約束するのは、何も変えないということです。リラックスという素晴らしい会社をいきなり変えるようなことはしません。一緒にリラックスをさらに発展させていきましょう」

これは、小林社長の本音であった。ケイズグループのM&Aは、少なくとも半年は何も変えないと決めていた。買われた（売られた）会社の社員は様々な不安を抱えている。だから、当然のことながら雇用を維持することを約束し、今までのやり方を急激に変えるようなことはしないと断言するのだ。そして、こうも伝えた。

「しばらくしてみなさんが落ち着かれたら、いろいろ少しずつ変えさせていただきま

す。そして、会社を大きくしてみなさんの給料を上げたいと考えています」

小林社長はＭ＆Ａによる事業領域の拡大を推進する一方で、採用にも力を注ぎ、２０２３年には約40名の新入社員を採用し、２０２４年には１００名の採用を目指している。小林社長は規律ということを非常に大事にしている。そのための環境整備として、土台をつくる仕組みづくりを本社から始め、給料体系や職場環境、休日などの福利面などを一部変更してきている。

「私たちの強みは採用だと思っています。今年40名、来年１００名の採用を目指すという話をしたのは、経営資源（リソース）を上手に使えるＭ＆Ａだったら、発展性があるだろうと、社員のみなさんが安心できると思ったからです。社員数が増えていくということは、会社の未来を考えると非常に大事なことです。というのも、今私たちのところに持ち込まれるＭ＆Ａは、採用ができなくて未来が見えず不安を感じたから会社を売却するというケースが多いのです」

こうした明確なＭ＆Ａの方向性の提示は、リラックスの社員たちにも大きな安心感を与えたようだ。

「専務をはじめ部長、マネジャーの方々、みなさんとても協力的で感謝しております。

私の願いは、M&Aで一緒になった方たちに安心して働いていただくことです。『心理的安全性』という言葉を耳にする機会が増えましたが、社員の方の気持ちになったら、それを一番大切にするのは当然のことだと思います。安心して働いていただいて、業績を上げ、給料、待遇などをよくしていけば、みなさんに本当に頑張っていただけます」

そう話してくれた小林会長は、黄泉の国に旅立った竹澤会長にも、安心してくださいと報告していたのだろう。

仙石代表は、こうしたM&Aの実行からM&A後の対応までの小林社長の考え方と実践に対して高く評価している。

「程度の差こそあれ、買う側と買われる側の間にはどうしても不協和音が生じてしまうのが、M&Aだと思います。小林社長がおっしゃったこれまでの条件を変えないということは、本当に大事なことです。いきなり変えてしまうと、企業文化の衝突ということになり、社員の離職も起きます。小林社長のやり方は、人を大切にするアプローチなので、M&A後もさらに会社を伸ばしていけるだろうと期待しています」

ケイズグループとリラックスのM&Aは、まさに双方にとってウィン・ウィンだったようだ。小林社長はこれまでのM&Aを振り返ってこう語る。

「今、多くのM&Aの案件が来ています。受けるか受けないかの判断基準は、相手側企業の経営者の考え方にあります。経営者がどんな考えで今まで会社を経営されてきたか、とりわけ教育に対してどれだけ時間とお金をかけてきたかといったことが、買わせていただくか否かの判断ポイント。そして、買った後のことについては、まずは何も変えず、しばらくしてから私たち（ケイズグループ）の大切にしている価値観とすり合わせていただきます。私は、早朝勉強会を行っているのですが、これは社員間の価値観の共有の機会となっています。やり方を変えるのではなく、考え方を共有させていただくことが大事です。そして環境整備、整理、整頓、清潔を心がけていただく。考え方と環境整備に取り組んでいただくことが、会社の文化をつくるということになります」

小林社長は、整体業界のM&Aに関して自信を持っている。

「M&Aは焦るとダメだと思います。上から順番に時間をかけてやっていくのが、M&Aを成功させるコツです。どうしても、経営者は急ぎたくなりがちですが、M&Aに関しては、あえて〝ゆっくり〟というのが私の考え方です」

リラックスとケイズグループのM&Aに最初から最後までかかわってきた仙石代表は、今回のM&Aをこう総括する。

「M&Aは一側面から見ると、いくらで買うか（売るか）ということに注目しがちですが、本当はそこにいる人たちならではのドラマがあって、一人ひとりの仕事に対する想い、企業への想いというものをどう継承していくかということが大事なのです。ところが、仲介会社によっては不動産の売買のように扱うところも出てきています。小林社長がおっしゃるように今の条件を変えない、つまり、今までの（売り手側の）企業文化、従業員、経営者への配慮、思いやりという部分がなくて、買った後に失敗してしまう例をたくさん見てきました。もちろんいかに安く買うか、いかに高く売るかということも大事なことです。しかし、何よりも働いている人たちへの想いを大切にすれば、結果的に今回のような成功事例になると言えると思います」

仙石代表は、さらに今回のM&Aの成功を一般化して語ってくれた。

「今回のように人がついて来るM&Aと、人がついて来なくて企業だけを買うM&Aとでは異なる部分もあります。人がついて来る場合は、その人たちの気持ちに対して配慮を欠くと、うまくいかないでしょう。そして、M&A後さらによくなっていくためにリーダーシップをどう発揮していただくか、どのようなビジョンを持ってどうなっていくか、きちんと社員に伝えることが大事になります。ビジョンの不足、リーダーシップの欠如が、失敗に陥る要因となります。改めて整理すると、買った側にビジョンがなく、リーダーシップが欠如し、そして新しい会社のイメージが曖昧になってしまうと、買うことだけがM&Aをする目的になってしまい、ほぼ失敗すると言われています。PMI（ポスト・マージャー・インテグレーション）が重要だと言われるゆえんは、そこにあります」

その点今回のM&Aは、PMIに求められるものをすべて備えていたと、仙石代表は得心の笑みを浮かべた。

第4章

M&Aは経営戦略として目的も多様化している

仙石 実

近年、M&A市場は活況が続いています。これまでは「乗っ取り」「身売り」「ハゲタカ」などとマイナスイメージで語られることが多かったのですが、大手企業のみならず、中小企業・ベンチャー企業にとっても、企業の成長を考える重要かつ身近な経営戦略の一環として目的が多様化しているからです。にもかかわらず、売り手側も買い手側も、7割以上の企業がまだM&Aを検討していません。何のために経営するのか、その答えの中でM&Aを前向きかつ建設的に捉えたとき、企業のどんな未来が見えてくるでしょうか。M&Aの選択も、経営者のライフデザインから導かれていきます。

M&Aはゴールではなく新たなスタートである

私のパートでは、青木さんのパートを踏まえて、縁ある人を幸せにするM&Aの成功には、何が大切なのか？　成功と失敗の要因を紹介します。ぜひ、M&Aの本質を捉えるきっかけにしてください。テクニカルな話も出てきますので、難しく感じる箇所は読み飛ばしていただいてかまいません。まずは前段階の原則的な話をしていきましょう。なぜなら、ノウハウやテクニックを学ぶ前に、M&Aの本質について考えていただきたいからです。

M&Aは情報の機密性が高く、スピードを要します。数年かけて準備し、突然スタートするというのも珍しいことではありません。後ほどふれていきますが、「M&Aの成功確率は3割」と言われているのは、種々の問題が絡み合っているからです。

どのような状況においても、M&Aを成功に近づけるには、大前提としてM&Aに対する売り手・買い手双方の経営者の姿勢や考え方が重要です。

そこで、客観的な判断の一助にしていただくために、最初にM&Aのプロの立場から見た、ここ数年のM&A事情からお話をさせていただきます。

これまでM&Aは、「乗っ取り」「身売り」「ハゲタカ」などと言われて一般的には悪いイメージを持たれていました。小説やテレビドラマの題材として取り上げられる場合も、共通してM&Aというダークな経済行為に敢然と立ち向かう主人公というストーリーが一般的です。

そうした暗さが薄まっていく一方で、私は、昨今のM&Aはちょっと行きすぎの感があるのではないか、と危惧しております。中には、100億円の売上を上げているM&A専門会社もあります。

誤解を恐れずに言えば、M&A専門会社が不動産仲介会社のようになっているのではないでしょうか。当然ながら高い金額で売買が成立するほど、M&Aの仲介会社が受け取る手数料も高くなるので、分不相応な高額で売ろうと考える会社も出てきています。

詳しくは後ほどふれていきますが、M&Aの後に残るのは、結果的に誰が責任を取っていくかという問題です。結論を言えば、後を引き継いでいる社員たちが数字の責任も全部背負っていくことになります。高く売ったら、売ったなりの結果を出さなければならないのです。

ここはとても重要なところです。つまり私たちが考えるM&Aは、ゴールではなく新たな成長や飛躍のスタートであるということです。このことは売り手企業、買い手企業、M&A専門会社それぞれが、各々の立場で深く考えていかなければならないテーマだと思います。

最終的な決断を下すのは経営者の責任

M&A案件の売買が不動産取引のようになっているという話をしました。実際に、M&Aに関するダイレクトメールやコールセンターなどから、こんな連絡が入ることが増えてきています。

「あなたの会社に興味のある会社があります」

「貴社ご指名で資本提携のご要望がございます」

しかし、そうした情報はまず釣り広告と考えていいでしょう。話に乗せられて「わが社を売りたいと思っていたところだ」などとリアクションを見せると、彼らはそれを合図に売り先を探し始めるのです。そうした手口を使うM&A業者もいるということを、頭に入れておいてください。

私たちは、信頼できる経営者からの紹介や顧問先からの紹介などを通して、売り手企業を探すようにしています。しかし、いくら知り合いの経営者から紹介されたといっても、すぐに仲介の依頼に結びつくわけではありません。

先方の社長も、こちらが信頼に足るM&A専門業者かどうか値踏みをします。そして、社長との信頼関係が築かれて初めて話が前に進んでいきます。一方、買い手企業側はやはり、上場会社がわかりやすい選択肢になります。

どういう形でM&Aの仲介を任されるかということは、非常に重要になります。「この人に任せたい」と思っていただけないと、ビジネスは動き出しません。

最も高い金額を提示してくれる買い手に買ってもらいたいのは、経営者たちに共通する望みです。自分の会社を売るということは、大きな決断なのです。特に創業経営者の場合は、自分の子どもを売るような気持ちになりますから。

そのため、金額へのこだわりが前面に出てしまうのは仕方がないことかもしれません。しかし私が本書でお伝えしたいのは、その前に考えていただきたいことがあるということです。

会社にも売り時というものがあります。それを経営者自身がどう見極めていくかが重要です。どうにもならない状態になってから、私たちの元を訪ねて来られる方も少なくありません。

ストレートに「仙石さん、どうしたらいい？」ということになります。「事業承継を考えているのだけれど、後継者もいない。うちの会社、いくらくらいで売れるの？」といったフワッとした状態で相談に来られるのです。

私は、「どんな会社に引き継ぎたいですか？」といった質問から始めます。いきなりM&Aのお金の話から入るわけではありません。

話が進んでいくに従い、経営者としての本音を語っていただけるようになります。あまり他人に話すことはないと思いますが、経営者の頭の中には、自分の会社に対する想いが詰まっています。

営利主義ではないM&Aを考えている経営者は、

「とにかく従業員の雇用は維持してほしい」

「従業員の給料は現状のままで」

など、一番に従業員の処遇について気を配ります。

話し合いの機会を重ねながら、社長の想いを整理してあげるわけです。話し合いの時間が増えるのに比例して、お互いの信頼関係も深まっていきます。


そしてやっと現実的かつ最も重要な問題、いくらで売れるのかという話題になります。こちらから、これくらいの額になるでしょうかと簡易査定をしていきます。ところが「これくらいであれば可能性がありますよ」とお伝えしたところで、話が止まってしまうことがあります。「えっ、そんな額でしか売れないの。もっと高く売れると思っていた」というわけです。

売却金額に関しては、いくらからいくらまでと金額のレンジを決めていきます。売り手企業の経営者であれば、レンジの高いほうで決めてほしいと思われるでしょうが、私たちは過去の経験を踏まえて保守的に構え、買い手企業が関心を示すギリギリのラインでいきましょうと提案します。合意金額として納得のいく着地点を見出すまで時間がかかりますが、スムーズに商談がまとまるケースもあります。

最終的にはこちらの簡易査定額より高く売れる場合もあります。その額を見たときの経営者の反応も様々です。またいろいろ話し合いを重ねていくうちに、金額がどんどん下がっていくケースもあります。

M&Aの価格は、算定方法によっても変わるので、これが正解というものはありません。最終的には経営者が納得するか否かということになります。

経営者としてどう終わらせるか、終わりの美学を考えている

日常的に経営者の方に接して感じることは、自ら起業した会社だから経営権を手放したくない、ずっとコックピットにいたいという経営者が多いということです。

少し前、内館牧子さんの長編小説『終わった人』（講談社）という小説がベストセラーになり、映画がつくられました。大手銀行の出世コースから外れて子会社に出向、転籍さ

せられたまま定年を迎えた主人公が、その後の生きがいを求める物語です。

個人として人生の区切りをつけることはできても、経営者として「終わった人」になることは、なかなかに受け入れがたいもの。会社員の場合は、会社から定年という「終わり」を宣告されますが、経営者はよほどのことがない限り自己宣言する以外には終わらせられないものです。

それは、手放すタイミングのきっかけがつかめなかったせいでもあるように思います。もちろん病気になって決断のタイミングを逸してしまうこともありますが、今はみなさんお元気ですから、引退したくないと考える経営者が多いのでしょう。タイミング次第で、その後の会社の成長が大きく変わっていきます。

経営者の個人的な想いとは別に、日本には、中小企業の経営者の方たちが高齢化しているにもかかわらず、後継者がいないという厳しい現実があります。

経営者が最初に考えるのは、親族内承継です。子どもに承継させるケースの問題点は、大塚家具さんの例を思い出せばおわかりいただけるでしょう。2代目で会社が壊れてしまうケースは少なくありません。対岸の火事と眺めているわけにはいかない経営者には、ぜひ本書を熟読していただきたいと思います。

親族への承継を断念したとしたら、次に考えるのが従業員承継です。従業員承継を考え、経営者が安心して経営を任せられる人間がいなかったときに浮上するのが、３つ目の選択肢であるM&Aです。ここでM&Aが実現しなければ廃業ということになります。

高齢経営者は、個人の人生が終わっていく中でどのように事業承継を行うかを考え、最終手段としてM&Aに辿り着きます。売り手としては、経営力のあるところに引き継いだほうが会社を伸ばしていけると考えるはずです。つまり、企業の成長にM&Aを活用していくということです。

M&Aでは、経営力が非常に重要になります。中小企業の存続を考え、本当に適切な相手とマッチングするためには、経営力のレベル、明確なビジョンの有無などを検討することになります。ここからは、そういった点に注目しながらM&Aについて考えていきたいと思います。

高齢の経営者の場合、経営者としてどう終わっていくか、終わりの美学のようなことを多くの方が考えられているように思います。自分の人生において会社をどう終わらせるか、どう整理していったらいいのか、本書がそういった悩みへのアドバイスになればと思っています。

一方で若い経営者の中には、自分の会社を成長させていく過程に必要なステップとして、始めからM&Aのタイミングを図っている方も増えてきています。M&Aで自社を大手に託して、より成長させていくという戦略を考えているのです。

M&Aは、経営戦略の一つとして目的が多様化しています。

M&Aは戦国時代の国盗り合戦と似ている

M&Aへの理解を深めてもらうために、ちょっと視点を変えてみましょう。M&Aは、戦国時代の武将の国盗り合戦に似ているという見方です。

領土拡大のために戦闘に明け暮れた時代は、今日の勝者が明日の敗者になることは当たり前でした。自軍の大将が戦の中で首を斬られてしまうこともあれば、強力な軍団の前に弱小の武将が自ら戦わずに軍門に下るということもありました。

当然部下たちの士気は下がります。そんなとき、どうやって士気を上げていくかということが、その後の課題となります。これは、いきなりM&Aで会社を売られてしまった現代の中小企業とよく似ているでしょう。中小企業ほど、トップのリーダーシップの影響がダイレクトに表れます。戦国時代の家来たちの人心掌握のありようも、M&Aと似ているところがあります。

たとえば、司馬遼太郎さんの歴史小説『国盗り物語』（新潮社）で広く知られる美濃国（現在の岐阜県南部）を乗っ取った斎藤道三の生涯をM&A的視点から見てみましょう。

道三は家督を側室の子・義龍に譲ったもののずっと不和が続いており、正室の子に後を継がせたいと考え、親子で戦をします。これは創業経営者が息子に事業承継をしたけれど、2代目の経営のやり方が気に食わなくて、自分のお気に入りの人間に経営を任せようとして経営に口を出していくパターンです。

最期となる長良川の戦いの直前に、道三は娘婿である織田信長に美濃国一国を譲るという遺言を残します。道三が売り手企業の先代経営者だとすれば、織田信長はM&Aによる買い手企業の経営者という見方もできるでしょう。このように戦国武将の戦いをM&A的観点から読み解いていくと、現在の経営にも生きる示唆に富んだ教訓を得られるのではないでしょうか。

さらに、戦国時代の戦を、武士道とＭ＆Ａの関係へ敷衍《ふえん》してみましょう。武士道のあり方は江戸時代中期に『葉隠』が書かれ、明治に入って新渡戸稲造の『武士道』が書かれました。日本の武士道に流れているのは、自分よりも他人のために生きるという利他の精神、自分を大切にするように家族や友人、社会の仲間を大切にする、思いやりの心です。Ｍ＆Ａにおいて大事なのは、この武士道にも通じる利他の精神です。

ということで、本論に戻ることにしましょう。

そもそもＭ＆Ａとは

世の中には、今さら意味を聞けない言葉や事柄というものがあります。Ｍ＆Ａもそうした類の一つでしょう。

「一知半解」という言葉があります。聞きかじりや理解しているつもりになって、肝心なところで大きな過ちを犯してしまうということがよくあるものです。Ｍ＆Ａに関しても、経営者の方ならこれだけはきちんと押さえておかなければという知識があります。本書はＭ＆Ａに関するノウハウやスキルをお伝えするのが主意ではないので、知識に関しては、Ｍ＆Ａに対する間違いのない経営判断のために必須の知識のみに絞り込んでいます。

さて、改めて言葉の定義を確認しましょう。Ｍ＆Ａとは「Mergers（マージャーズ）and Acquisitions（アクイジションズ）――企業の合併と買収」という意味です。

Ｍ＆Ａの形態は様々ですが、狭義では「ある会社が別の会社を所有する、または支配するための経済行為」を指します。Ｍ＆Ａと言えば一般的に、この狭義の意味で用いられることが多く、その方法は「合併」と「買収」に大別されます。

合併とは、複数の会社を一つの法人格に統合することです。買収とは、株式や資産などを買収することを指し、会社の経営権を取得します。言い換えれば、経営権（支配権）の移転を伴います。

広義には、経営権の移転しない提携などもＭ＆Ａに含める場合があります。

次にＭ＆Ａの現状とトレンドを見ていきます。

Ｍ＆Ａの世界では、１９９９年以降、取引金額10兆円前後の大型案件が増えています。

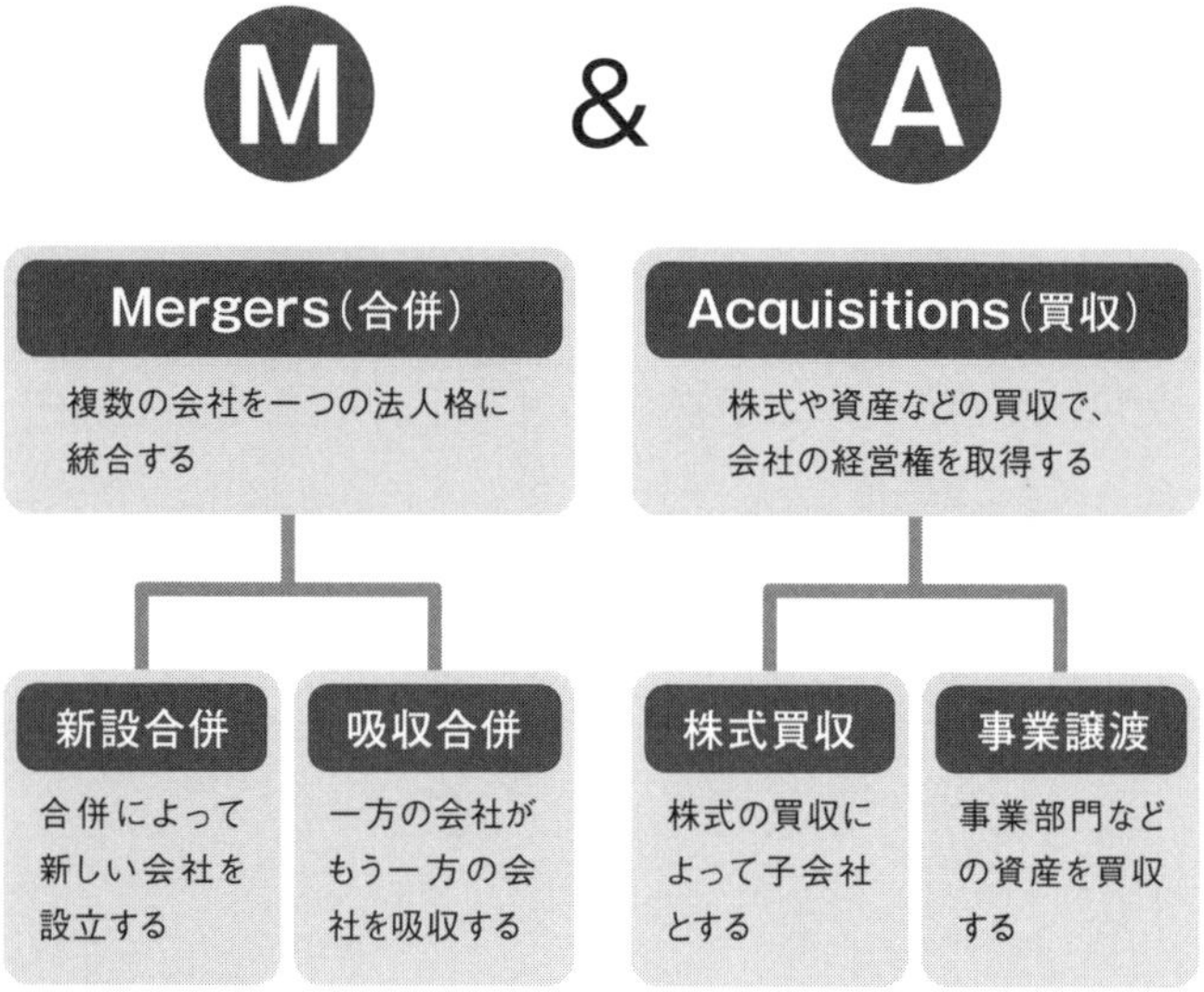
M
&
A
Mergers（合併）
複数の会社を一つの法人格に統合する
Acquisitions（買収）
株式や資産などの買収で、会社の経営権を取得する
新設合併
合併によって新しい会社を設立する
吸収合併
一方の会社がもう一方の会社を吸収する
株式買収
株式の買収によって子会社とする
事業譲渡
事業部門などの資産を買収する

M&Aとは

- ➡「Mergers《マージャーズ》 and《アンド》 Acquisitions《アクイジションズ》」の略であり、日本語では「企業の合併と買収」と訳されている
- ➡ M&Aの形態は様々であるが、狭義では、「ある会社が別の会社を所有する、または支配するための経済行為」を指し、この場合、経営権（支配権）の移転を伴うことになる
- ➡ 一般的にM&Aというと、上記の狭義で用いられることが多く、その方法は「合併」と「買収」に大別される
- ➡ 広義には、経営権の移転しない提携などもM&Aに含める場合がある

件数の推移も2004年以降、公表ベースで年間2000〜4000件とそれ以前と比べると各段に増加しています。

ここ20年の動きを見ると、金額においては2018年度が12兆7069億円（株式取得費用とアドバイザリー費用を合わせた取引総額）と最高額を記録し、件数においては2019年に4000件を超え、2021年には4280件とこれも過去最高を記録しています。

大型金額のM&Aとしては、2007年の日本たばこ産業のギャラハー買収2兆2000億円、2006年のソフトバンクのボーダフォンの買収1兆9000億円、2018年の武田薬品のシャイアー買収6兆7900億円などが注目されました。

では、売り手企業・買い手企業それぞれのM&Aの目的はどこにあるのでしょうか。大手企業と中堅・中小企業に分けて見ていきましょう。

大手企業は現在、M&Aによるグローバル化、集約化の時代に突入しています。その背景には、日本経済を取り巻く環境の変化があります。人口減、リーマンショック、東日本大震災、アベノミクス、コロナ禍……。激変する環境変化について異議をとなえる人はいないでしょう。

さらに生産年齢人口の減少も深刻な問題です。生産年齢人口とは、国内の生産活動をその中心となって支える人口層のことで、ＯＥＣＤ（経済協力開発機構）は15歳から64歳までの人がこれに該当すると定義しています。

２０１０年に約８２００万人だった生産年齢人口は２０５０年には約５４００万人へ。40年間で35％も減少することが予測されています。そして生産年齢人口が減少すれば、国内での売上も減少します。こうした事実は、海外Ｍ＆Ａの比率が景気や為替動向に関係なく、常に60％前後の高い水準で保たれていることが示しています。

そして中堅・中小企業では、すでに団塊世代を中心に経営者の世代交代の時期に突入しており、売り手企業が増加しています。

[1985年以降のマーケット別M&A件数の推移]

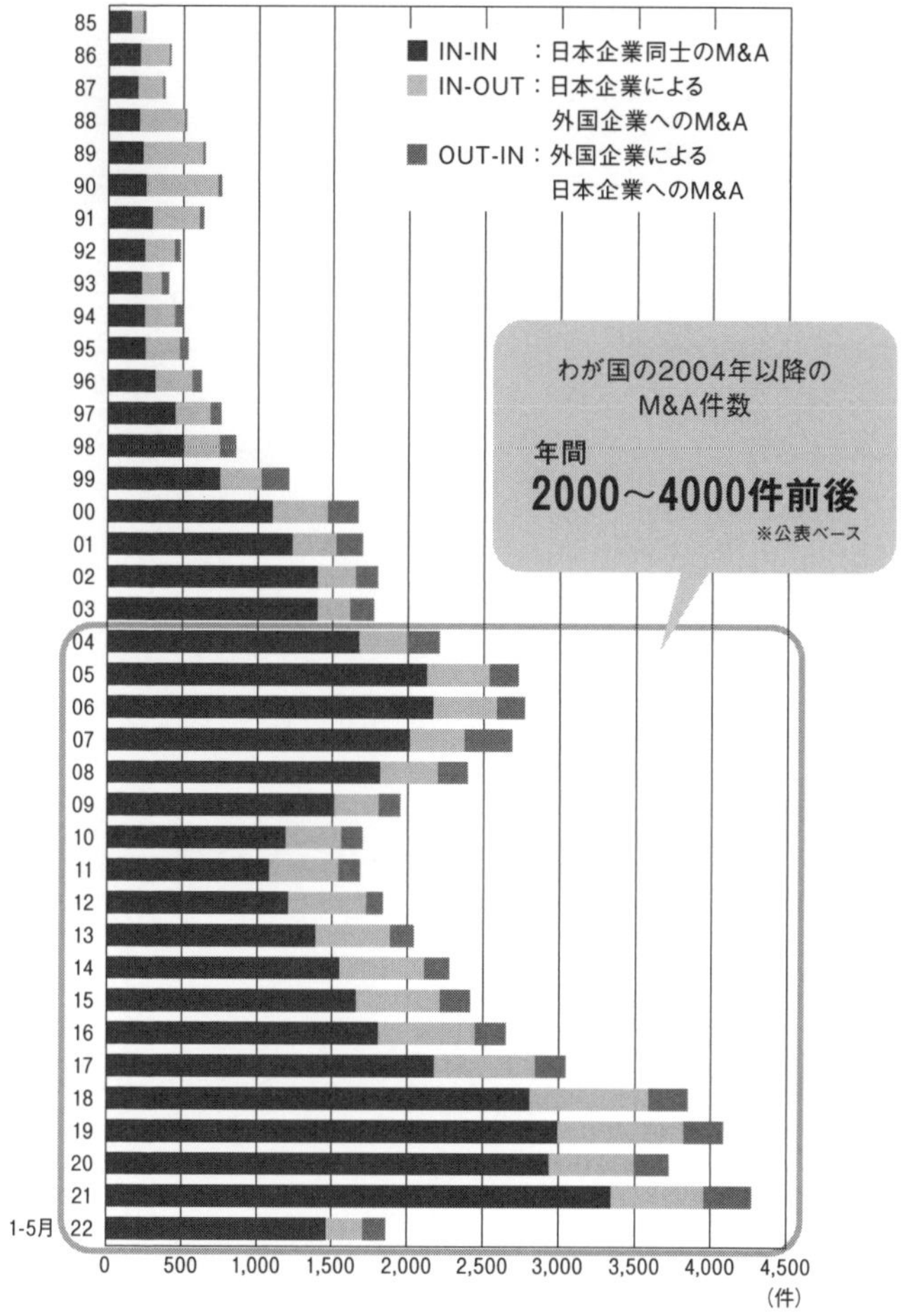

[1985年以降のマーケット別M&A金額の推移]

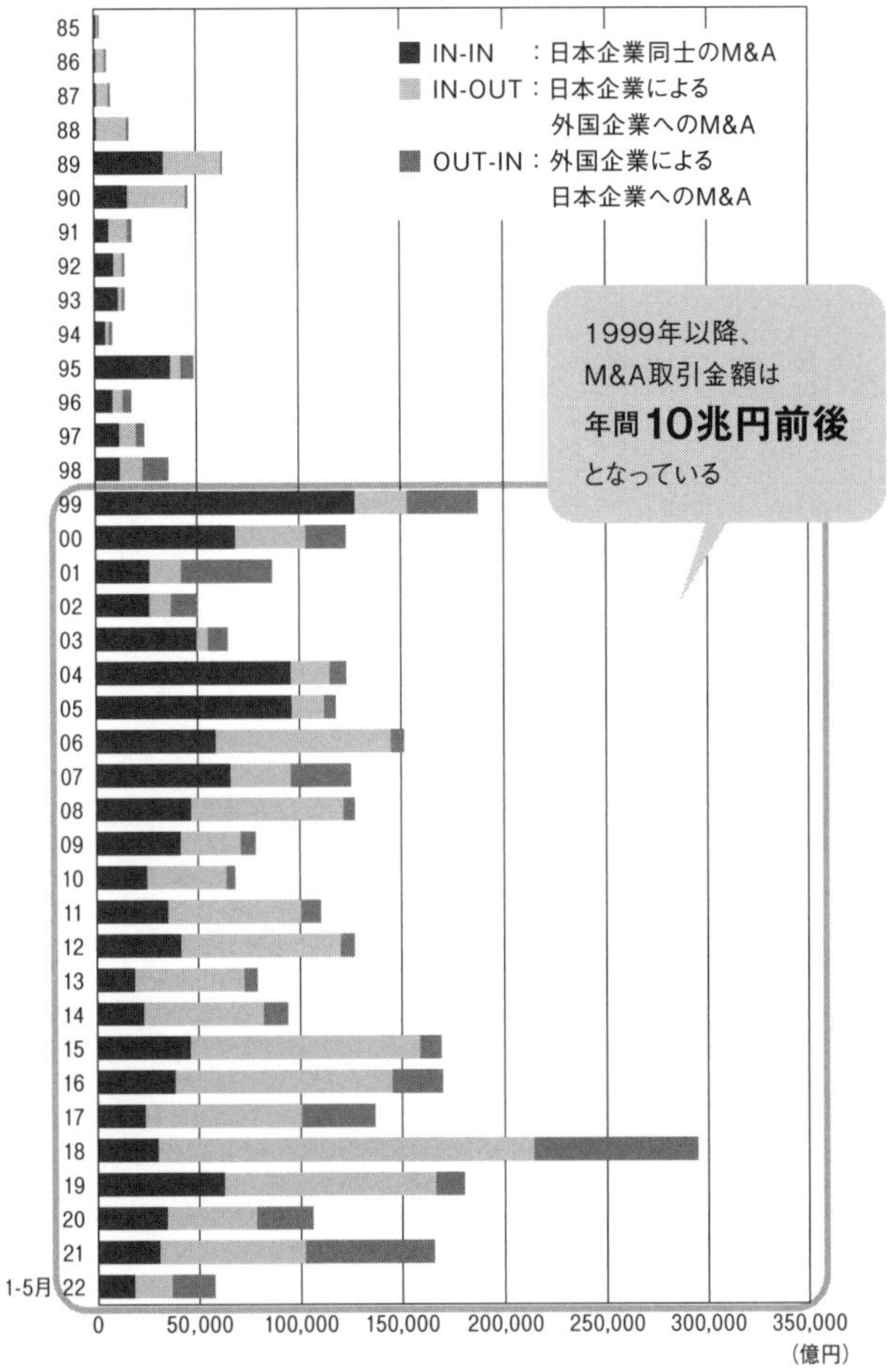

改めて、今なぜM&Aなのか

売り手企業・買い手企業それぞれのM&Aの必要性を踏まえて、M&Aの目的を整理してみましょう。

買い手企業から見れば、3つの目的が考えられます。

1つ目は、新規事業・新分野進出による事業拡大のためです。

2つ目は、水平的拡大です。具体的には既存事業の強化、経営資源の獲得、日本企業による海外市場への参入、もしくは海外企業による日本市場への参入などが挙げられます。

3つ目は、垂直的拡大です。これはバリューチェーンの上流・下流との統合ということです。

売り手企業としては、既存ないし新規事業への資金調達、集中と選択による多角化経営の見直し、そして事業承継対応のためです。事業承継としては後継者問題への対応を図ることを視野に入れています。

ここでは、売り手企業において事業承継、後継者問題対策としてのM&Aの必要性が高まっていることを、具体的な対策案の中で見ていきましょう。

具体的には次の5つが考えられます。

1　**上場**……資本と経営を分離できるので、従業員から有能な後継者を選ぶことができ、社外から後継者を迎え入れることもできる。ただし、上場をするためには厳しい審査を通過しなければならず、実現できる企業はわずかである。

2　**親族または従業員に売却する**……経営者の株式を買収できる資金と経営能力のある親族ないし従業員がいれば可能だが、その条件を満たす人物がいない場合が多いのが現実。借入金の連帯保証がハードルになる場合もある。

3　**1人か2人で経営できるように規模を縮小する**……規模を小さくすれば、確かに従業員に後を譲ることも容易になる。その場合は、現在の従業員の多くを解雇しなければならなくなる。一定の人員を必要とする、あるいは特殊技能を持つ人財を必要とする業種によっては、この方式を採用できない場合もある。

4　**会社を廃業する**……従業員を全員解雇しなければならない。取引先などにも多大な影響を及ぼす。清算に伴う様々な諸経費がかかり、法人税、地方税、消費税も安くはなく、手元に残る資産も少なくなる。

というように、いずれの具体策もメリット、デメリットがあります。そして、残るのは、M&Aです。

5　別の企業に売却する（M&A）……従業員の雇用継続を売却の条件にできる。

取引先などに迷惑をかけずに済む。会社を廃業した場合に比べて支払う税金が少なく、多くの資産が残る。

買い手企業にとってのM＆Aのメリットとデメリット

陽の当たる面の裏側には、必ず影ができます。M＆Aを選択する場合は、どのようなメリット・デメリットがあるかを押さえておくことも重要になります。

買い手企業にとってM＆Aの主なメリットは以下の3つです。

1　M＆Aを行うことにより時間を節約できる

2　様々なシナジー効果を発揮することができる

3　人財を獲得することができる

それぞれのメリットも、視点を変えるとデメリットが見えてくることがあります。

1のように、M&Aで時間を買えると考える経営者は多く存在します。しかし、買えるのは、生産拠点や販売網構築に要する時間であって、本来経営者に求められる利益成長を実現する時間ではありません。M&A後に、リストラを含めて事業統合に時間を費やした挙句、撤退ということもあり、軌道に乗せても独自進出に比較して遠回りになることもあります。

続いて2ですが、様々なシナジー効果が生まれることを、M&Aの目的とする経営者は大勢います。販路獲得、生産拠点の統合、共同購入によるコスト削減など、シナジー効果の見込み額を発表する会社もあります。しかしここで重要なのは、買収するだけではシナジー効果は生まれないということです。ここを勘違いしている経営者は、多くいらっしゃいます。部品や材料の共通化も、お互いに仕様や品質水準が異なれば、すぐには利用できません。買収後の資源投入なしにシナジー効果は生まれないのです。

最後に3です。確かにM&Aを通じ人財を獲得することはできます。M&Aで対象会社に有能なマネジメントをしている人財を見つけ、買収後に経営を任せることもあります。買収事業の経営に精通し、従業員や顧客からの信頼が厚いマネジメントができる人材は魅力的です。しかし、有能な人財ほど、買収後はいなくなることが多いのも現実です。

「小が大をのむ」と話題を呼んだ日本板硝子を思い出してください。買収した英ピルキントンのCEO（最高経営責任者）を自社の社長に据えましたが、わずか1年で退任されてしまいました。同社はその後、社長が何人も交代しています。

かくのごとくM&Aを考える際には、メリット・デメリットを深いところから検証し決断する必要があります。

■「新規事業」と「M&A」の比較

	新規事業	M&A
特許・技術	新たに取得する	そのまま受け継ぐ
人財	新たに雇用する	経験や専門知識を持つ人財を受け継ぐ
信用	新たに築く	すでに築かれている
設備	新たに準備する	すでにある
販売ルート	新たに拡げる	既存の販売ルートをそのまま利用する

■シナジー効果

販売シナジー	販売ルートなど、流通経路の共有による売上増加
生産シナジー	設備や部品の共有による稼働率向上、 原料や部品の共同購入による原価削減
技術シナジー	研究技術の成果の共有による製品への研究技術の転用
資本シナジー	複数の収益基盤を持つことによる資本調達コストの削減
経営管理シナジー	経理や総務など、管理部門の共有による経費削減

M&Aの主なメリット

- ➡ 時間を節約できる
- ➡ 様々なシナジー効果を発揮することができる
- ➡ 人財を獲得することができる

M&Aの成功は3割、失敗は7割と言われている

M&Aのメリット・デメリットを十分に把握したうえで、M&Aの成功とはどういうことをいうのか考えてみましょう。

ちまたに流通しているM&A関連本のほとんどに、M&Aの成功は3割で、7割が失敗していると書かれています。メディアレベルではそういうことになるのでしょうが、実際に実務に携わっているプロの感触から言えば、実は失敗しているケースはもっと多いと思います。

正直に言わせていただくと、M&Aというのは損得勘定で決断すると、成功させるのは難しい世界です。失敗例に共通して言えるのは、想いが欠けているということです。悲惨なケースはM&A実施後に社員が全員辞めてしまい、売り手企業の経営者が一人勝ちのようになってしまって、売却益を社長一人で100%取ってしまったケースです。結局、得をしたのは自分だけかと、自責の念にかられる経営者もおられます。

この本をお読みの読者の方に、ぜひ気にとめていただきたいことは、企業価値とは何かということです。売り手企業の経営者はみなさん高く売りたいと思っています。なぜ高く売りたいのか。

ここまでお伝えしてきたように、経営者の人生そのものを懸けた会社を売却するという想いが刻み込まれているからです。

成功するM&Aの定義を挙げるのは難しいことです。何をもって成功と言うのか。分相応よりも高く売れることでしょうか。高く売れたけれど、その後、社員が全員辞めてしまった場合も成功なのでしょうか。

いささか専門的になりますが、M&Aをする際に、相手企業の価値を判断する指標としてEBITDAがあります。EBITDAは「Earnings Before Interest, Taxes, Depreciation and Amortization」の略で、企業価値評価の指標です。日本語で「利払い前、税引前、減価償却前利益」などのような意味となります。目的に応じていろいろな計算方法がありますが、最も利用されているのが、営業利益＋減価償却費です。一般的にはその5倍から6倍で取引されていますから、それより金額が高く取引されたら成功なのでしょう。

ですが企業価値というのは、そうした数字だけでは表せない部分もあります。当事者たちの実情については、アンケートなどが取りにくいからです。

そのわかりやすさからよく挙げられるのは、上場企業の例です。上場企業がM&Aをした後に、株価が上がったか否かという統計を取るのです。それによると、約3割しか株価が上がっていません。つまり、約7割が価値向上につながっていないということです。

株価を上げるM&Aというのは何か、定義づけするのは、結構大事なことだと思います。青木さんも私も、縁ある人を幸せにするというところにM&Aのテーマがあると考えています。

M&Aを考えるうえで、やはり大切にすべきは「人」です。残された社員たちが、自分たちも買われてしまうのではという気持ちになることもあります。ですから人の心にふれていかなければ、たいていのM&Aは失敗するのです。

賢いM&Aの仲介人・代理人の選び方

Ｍ＆Ａ取引は当事者同士の相対取引で行うこともできますが、やはり総合的に判断してプロに任せたほうがスムーズに進行します。

私が経営する南青山アドバイザリーグループは、上場・非上場を問わず多数の取引先の会計税務支援サービスに加え、Ｍ＆ＡやＩＰＯのコンサルティング業務を行っています。私たちはＭ＆Ａの支援機関として、Ｍ＆Ａの相談から実行に至るまで、日々すべてのプロセスにかかわっています。Ｍ＆Ａで会社や事業を売却する場合、買ってくれる相手企業を探す必要があります。通常売り手企業は、Ｍ＆Ａに関する知識もノウハウも十分に持ち合わせていません。ほとんどの中小企業の経営者にとって、自社をＭ＆Ａで売却するという経験は一生で一回だからです。

そこで売り手企業は、民間のＭ＆Ａ専門の支援機関と契約し、彼らに買い手企業探し、交渉、契約手続などのサポートを依頼します。Ｍ＆Ａの相談先、支援機関としてはＭ＆Ａ

専門会社、大手銀行、地方銀行、信用金庫、証券会社、会計事務所、監査法人、商工会議所などがあります。

M&A取引にプロを介する場合は、FA（フィナンシャル・アドバイザー）もしくは仲介人（仲介会社）を選定してアドバイザリー契約を締結します。

FAに依頼した場合、彼らは売り手・買い手のどちらか一方の側に立ちます。比較的大手企業のM&Aに多い契約で、売り手企業か買い手企業のどちらか一方から報酬を受け取ります。それぞれ相手先企業とのアドバイス・手数料を介した関係ですから、利益相反は起こりません。

それに対し仲介人（仲介会社）は、売り手と買い手の中立的な立場で、両社の斡旋を行い、双方から報酬を受け取ります。中小企業・ベンチャー企業のM&Aのほとんどは、この仲介契約方式によって行われています。

私たちは後者の仲介会社です。結婚にたとえれば、売り手と買い手双方のベストなマッチングを目指す仲人といったところです。実際にM&Aを実施する決断に至ったら、契約方式と料金体系については事前に十分チェックしておく必要があるでしょう。

ちなみにM&Aのアドバイザリー契約はレイマン方式と呼ばれる方式を採用していて、取引金額に応じて料率が決まっています。

本書では、書かれたものからはなかなか伝わりにくいM&A取引の実態を、可能な限りリアルに追体験できるように話を進めていきます。

M&Aのプロの専門業者を選ぶ際のポイントをいくつか列記しておきましょう。

通常、利益相反を気にする大手企業のM&AではFAを選択するケースが多く見られます。それに対し、中小企業のM&Aで多いのは仲介人（仲介会社）を選択するケースです。M&Aに慣れていない経営者にとっては、売り手と買い手双方を調整しながら進めてくれる仲介人（仲介会社）のほうがやりやすいのでしょう。

どちらを選んだとしても重要なのは、不動産仲介会社のように単純に会社をものとして高く売れば良いという専門業者ではなく、経営者や従業員の想いを大切にしてくれる専門業者を選定することです。

[M&Aのアドバイザリー契約(レイマン方式)]

取引金額	料率(税抜)
5億円以下	5%
5億円超10億円以下	4%
10億円超50億円以下	3%
50億円超100億円以下	2%
100億円超	1%

➡ アドバイザリー契約にかかわる報酬は、一般的にレイマン方式に基づくケースが多く、高額になるのが通常である

➡ 通常はミニマムギャランティーが設定されている。
例)500万円(最低手数料)等

➡ たとえば、取引額が10億円の場合は、次のように計算される
(5億円×0.05)+(5億円×0.04)
=2,500万円+2,000万円=4,500万円(税抜)

➡ 成功報酬を算出する際の基礎となる取引金額とは、企業または事業を譲渡する(または譲り受ける)際に、その対価として受け取る(または支払う)金額を指す

＊平成25年9月13日公表の「企業結合に関する会計基準」等の改正(原則平成27年4月1日以降開始する事業年度期首より適用)により、企業買収の際に外部のアドバイザー等に支払う取得関連費用の会計処理が変更された

＊投資銀行、証券会社等のフィナンシャル・アドバイザー(FA)に関する報酬、ビジネス、会計・税務、法務等のデューデリジェンス(DD)費用といったアドバイザリーフィーは、連結財務諸表上では、原則として発生した事業年度の費用となり、買収対象会社の株式の取得費用として取得原価に含めることができなくなった

第5章

シナジー効果を発揮する M&Aの戦略とスキーム

仙石 実

M&Aは、本来売り手企業と買い手企業がウィン・ウィンの関係で行われるべきものです。双方にとって有益なものでなければいけません。ですから、売り手・買い手ともに企業のシナジー効果を期待してM&Aを行います。そんなマッチングを仕事にしているのが、M&Aのプロたちです。ここでは、シナジー効果を上手に活用するためのM&Aの戦略およびスキームについて紹介します。最適解は会社によって異なります。縁結びのタイミングと相手の選択というボタンを掛け違えたM&Aでは、誰も幸せになれません。実際にM&Aを実行した後も、シナジー効果は重要なテーマです。

自社にふさわしいM&A戦略は何かを知る

買い手側としてM&Aを検討している経営者の方は、何のためにM&Aを実行するのか、その目的が明確になれば、そのための戦略策定へと進むことができます。ここでは買い手企業にとっての目的ごとに、具体的な戦略を見ていくことにします。

1　事業拡大（新規事業・新分野進出）

まず考えられるのが、自社にない成長事業を持つ企業を買収して育成する戦略です。この戦略を理解してもらうために、PPM（プロダクト・ポートフォリオ・マネジメント）の考え方を援用します。

ＰＰＭは、アメリカのボストン・コンサルティング・グループによって開発された分析法で、「花形事業（star）」「問題児（problem child）」「金の成る木（cash cow）」「負け犬（dog）」の４象限のマトリクスにおいて、企業が展開する製品・事業戦略の方向性を検討します。

市場が成熟しこれ以上の成長は期待できないが、マーケットシェアが高い市場（金の成る木）に位置する企業にとって、新たな成長の糧となる事業が必要になります。そこで資金や販路は乏しいけれど成長性の高いベンチャー企業（問題児）を買収し、当該事業に経営資源を投入することで、マーケットシェアの高い花形事業化（金の成る木化）し、グループ全体の成長性を高めていくという考え方をします。

ＩＴ企業や製薬企業による技術系・創薬系のベンチャー企業の買収が、この戦略の代表例です。

M&Aの買い手企業における必要性①
事業拡大（新規事業・新分野進出）

PPMの図

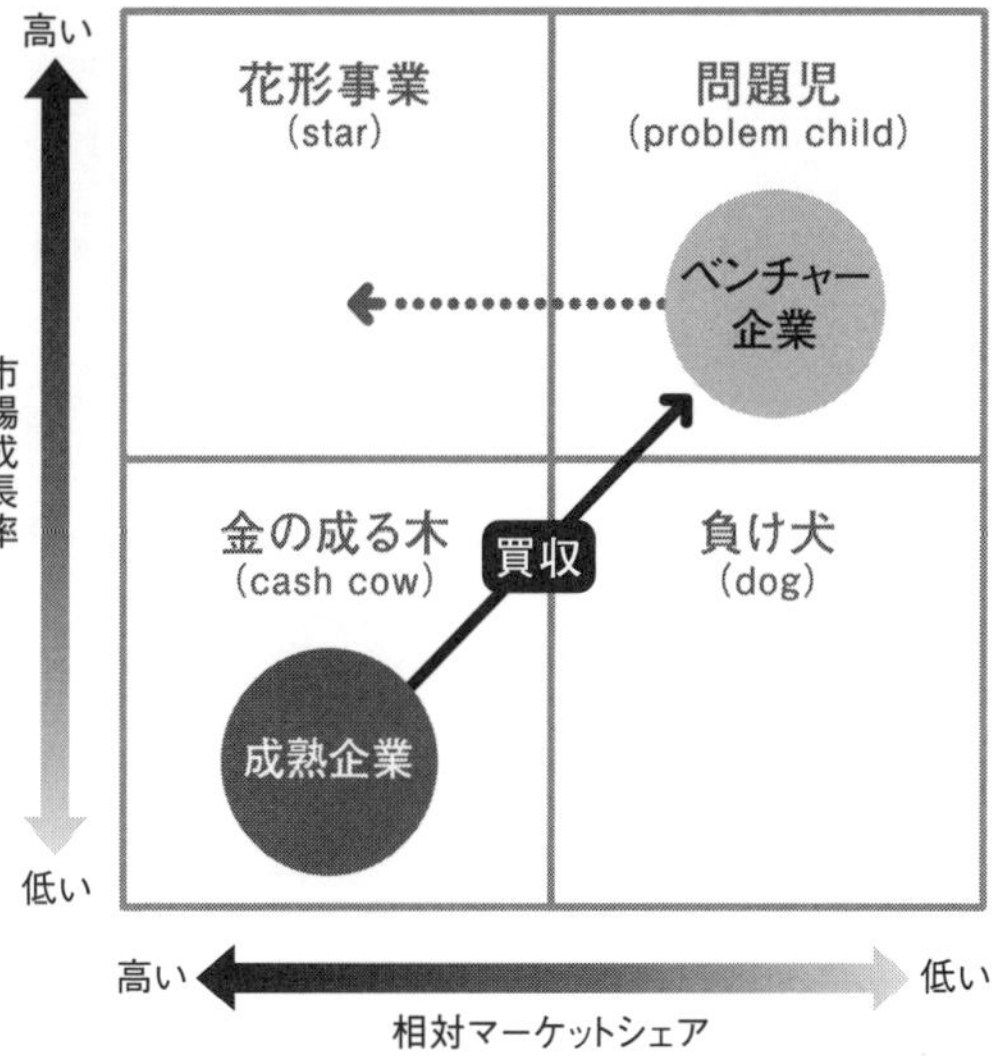

➡ 自社にない成長事業を持つ企業を買収して育成する戦略

➡ 成長性は低いが、マーケットシェアが高い市場（金の成る木）に位置する大企業にとって、新たな成長の種となる事業が必要になる

➡ 資金や販路に乏しいベンチャー企業を買収し、事業に経営資源を投入することで、該当事業を成長性が高く、マーケットシェアも高い花形事業化し、グループ全体の成長性を高める

代表例 IT企業や製薬企業による技術系・創薬系のベンチャー企業の買収

2 水平的拡大（同業と結合）

事業拡大戦略が新規事業・新分野に進出するために他社を自社に取り込む戦略とすれば、水平的拡大戦略は、同業他社を合併または買収して自社と統合する戦略です。単純計算をしても、同業2社が合併することで事業規模は拡大します。

事業規模が拡大することで、製造コストや購買単価が下がるので、競争力の強化につながります。

この戦略は銀行同士の合併や、国内鉄鋼業最大手の新日本製鐵が同業第3位の住友金属工業を吸収合併して誕生した新日鐵住金（現日本製鉄）などが、その代表例です。

M&Aの買い手企業における必要性②
水平的拡大(同業と統合)

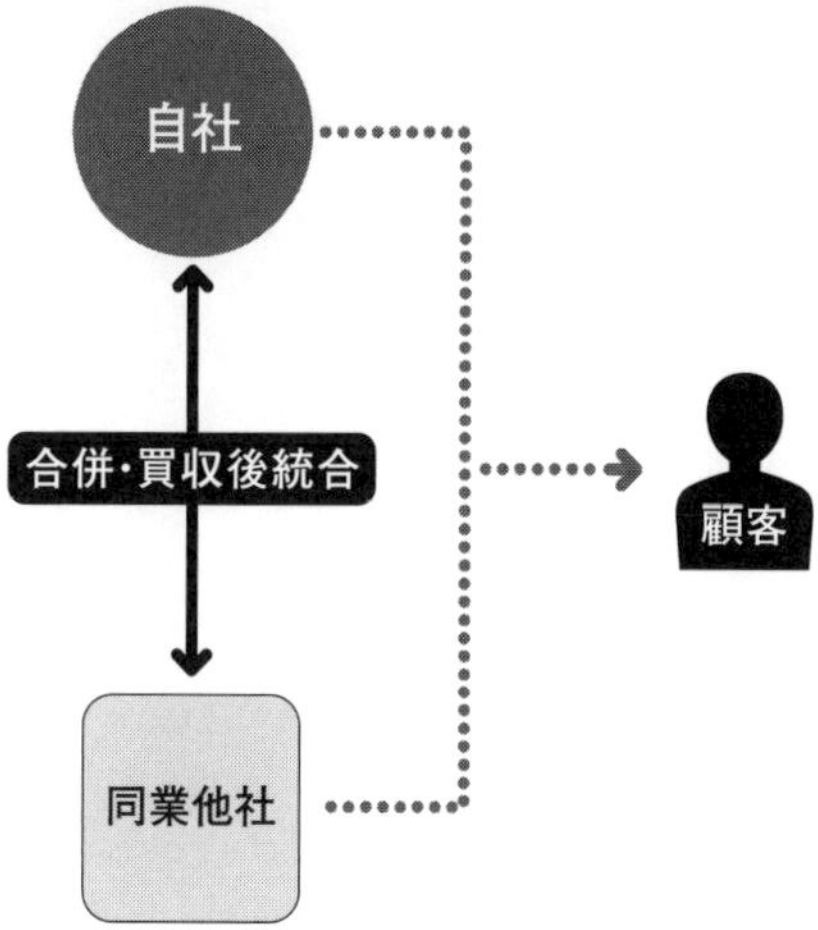

➡ 同業他社を合併または買収して自社と統合する戦略

➡ 同業2社が合併することで事業規模が拡大する

➡ 事業規模が拡大することで、製造コストや購買単価が下がり、競争力の強化につながる

代表例 銀行同士の合併や、国内鉄鋼最大手の新日本製鐵による同業第3位の住友金属工業の吸収合併など

3 製品拡大（周辺産業と統合）

自社の周辺産業に当たる企業を合併・買収後統合する戦略が、製品拡大戦略です。周辺産業企業を統合することで、買収した企業の製品と自社の製品を組み合わせた新しい形での商品提供が可能になります。

ＬＩＸＩＬグループによるアルミ建材や陶器建材の統合、メディパルホールディングスによる医薬卸と日用雑貨卸の統合などが、この戦略の代表例です。

M&Aの買い手企業における必要性③
製品拡大（周辺産業と統合）

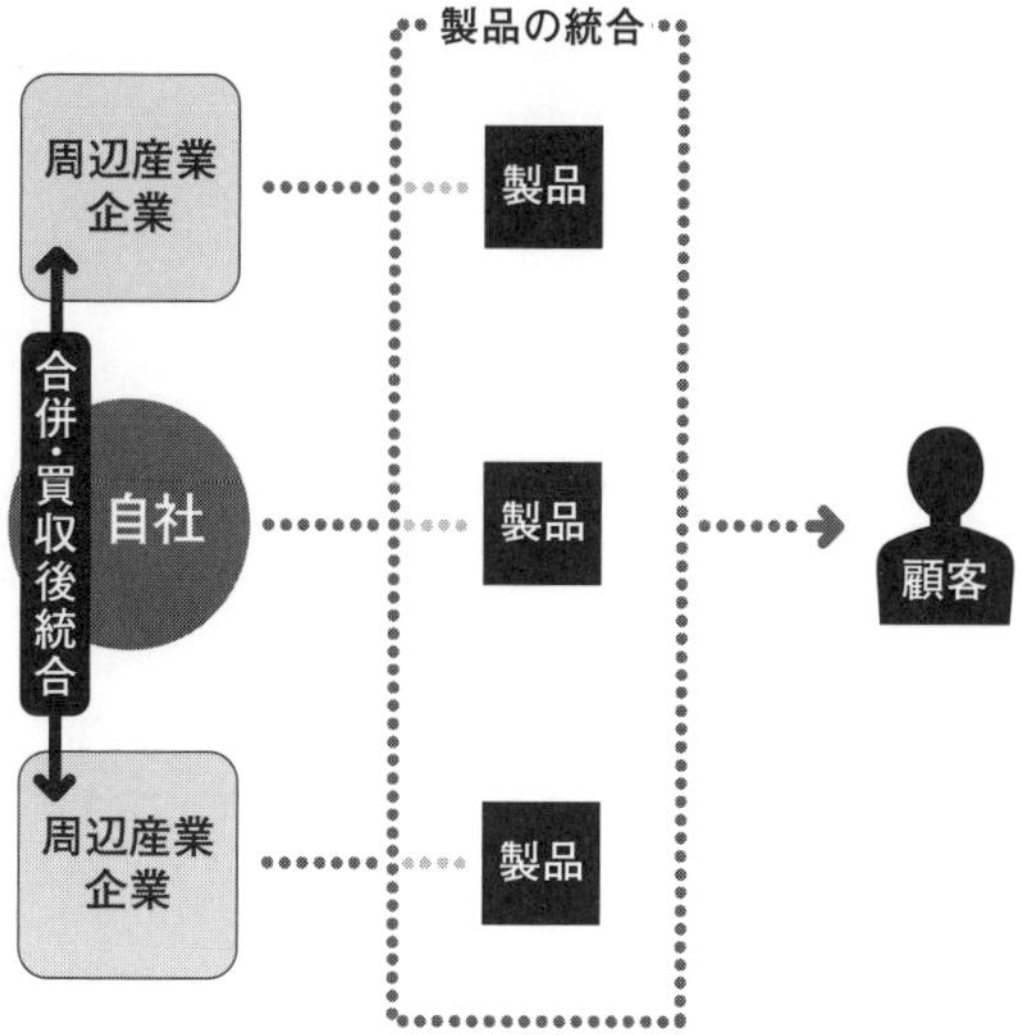

➡ 自社の周辺産業に当たる企業を合併・買収後統合する戦略

➡ 自社の製品を買収した会社の製品と組み合わせることで、新しい形の商品を提供できるようになる

代表例　LIXILグループによるアルミ建材や陶器建材の統合、メディパルホールディングスによる医薬卸と日本雑貨卸の統合など

4　納入拡大（川下への進出）

自社の川下（卸や小売りといった、より顧客に近い機能）に当たる事業を買収・統合する戦略です。

この戦略の最大の狙いは、川下を買収することで競合企業の製品納入をブロックすることです。それだけにとどまらず、競合企業が納入していた分をすべて自社製品に置き換え納入することで、売上の増大にもつなげていけます。

さらに、統合によって流通コストを下げられるので、価格競争でも優位に立つことができます。

この戦略の代表例は、製造業が販売店を買収するケースなどです。出光興産と昭和シェル石油の経営統合も、川上の石油の元売りが川下のガソリンスタンドに納入し事業を拡大させた事例と言えます。

M&Aの買い手企業における必要性④
納入拡大(川下へ進出)

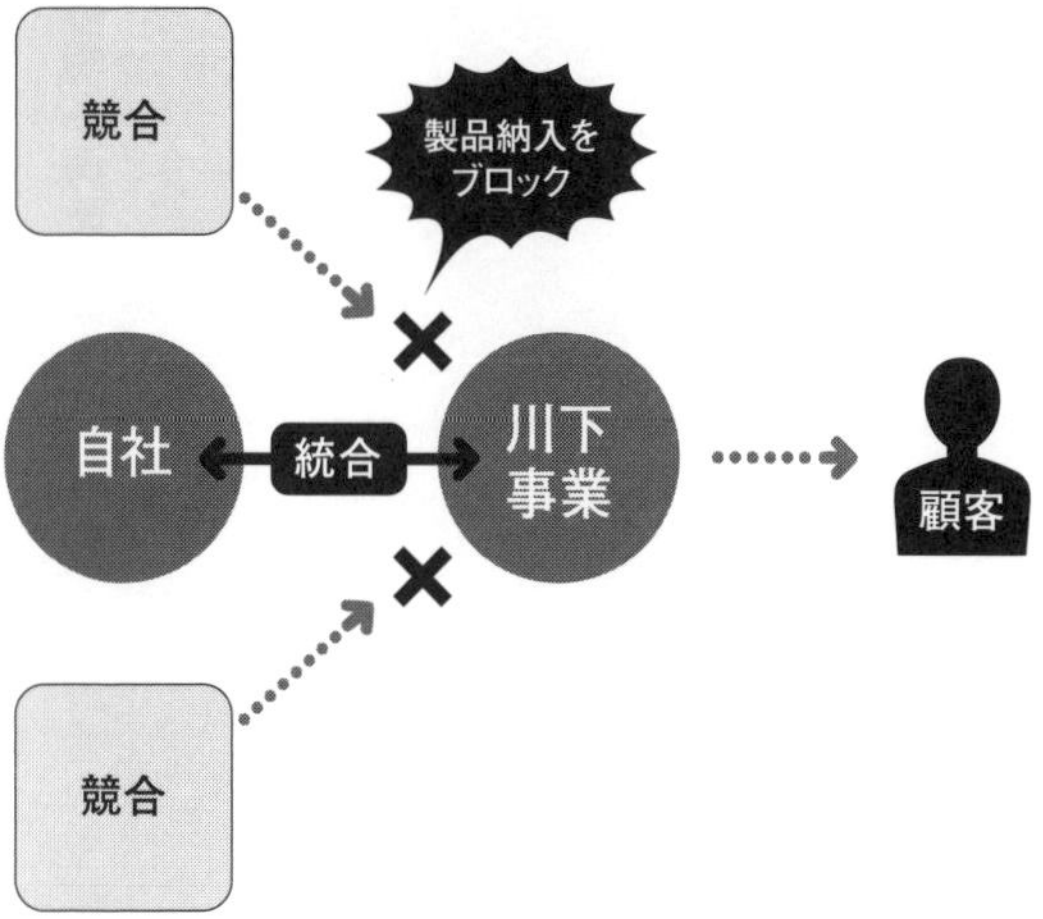

➡ 自社の川下(卸や小売といった、より顧客に近い機能)に当たる事業を買収・統合する戦略

➡ 川下を買収することで、競合企業の製品納入をブロックできる

➡ 競合が納入していた分も含めすべて自社が納入すれば、売上を増やすことにもつながる

➡ 統合により流通コストが下がることで価格競争でも優位に立てる

5 模倣阻止（川上を統合）

納入拡大戦略とは真逆の戦略で、自社の川上に当たる事業を買収・統合します。狙いは、競合他社への部品や製造装置の納入をブロックすること。それだけでなく、自社製品の製造ノウハウの流出を防ぐことにもつながります。

この戦略には、統合により流通コストを改善できる、川上企業の費用構造を知ることで他の納入業者との交渉が有利になる、などの利点もあります。

スーパーマーケットが生産工場を買収するケースなどが、この戦略の代表例です。

M&Aの買い手企業における必要性⑤
模倣阻止（川上を統合）

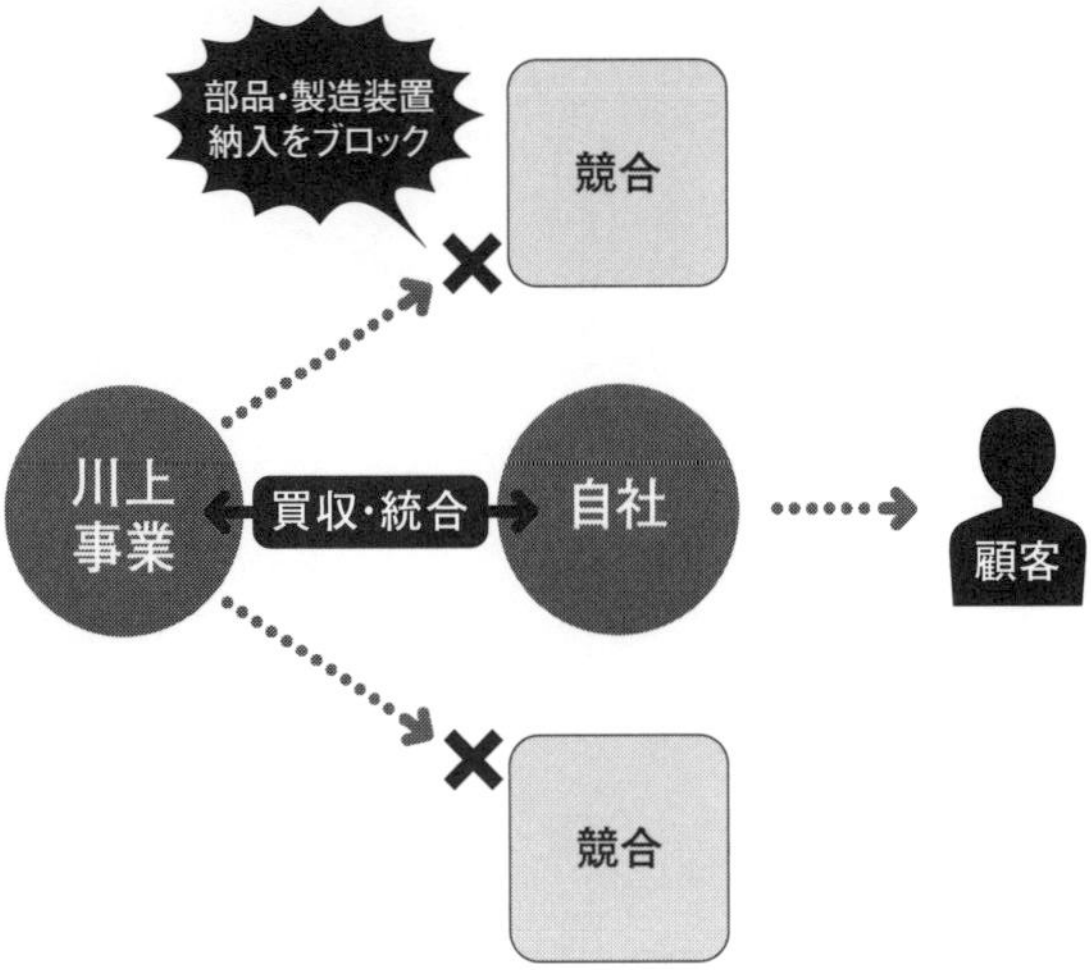

- ➡ 自社の川上に当たる事業を買収・統合する戦略
- ➡ 競合他社への部品や製造装置の納入をブロックできる
- ➡ 自社製品の製造ノウハウの流出を防ぐことにつながる
- ➡ 統合による流通コスト改善や、川上企業の費用構造を知ることで他の納入会社との交渉が有利になる、などの利点がある

6　ブランド買収（共通機能と統合）

他社ブランドを買収し、そのブランドを自社のグループの経営ノウハウで再生する戦略です。この戦略は、共通機能（仕入れ、物流、製造）を統合して購買単価や製造コストを下げる戦略として効果的です。

ルイ・ヴィトンなど60以上のブランドを買収・所有しているＬＶＭＨや、ケリングによるグッチなどが、その代表例です。

スキームの選択はM&Aの成否にかかわってくる

次に、M&Aのスキーム・手法について見ていきましょう。ただし、M&Aの各スキームの会計・税務面は専門実務担当者向けになるため、本書では踏み込んだ解説はしていません。

1　株式譲渡・募集株式発行

株式譲渡は、株主が保有する株式を対価と引き換えに他社へ譲渡することにより、経営権などを承継させる手法です。M&Aの大部分は、この株式譲渡の方法により行われています。対象会社が非上場会社の場合は、対象会社の株主との相対取引になります。

この手法のメリットは、買収する株式の割合が自由であること、手続きが簡便で税務的にも有利な場合が多いことです。また、売り手の繰越欠損金が承継可能であることもメリットと言えます。

デメリットは、企業の1部門だけの買収はできないこと、簿外債務の承継リスクがあることです。

募集株式発行とは、会社が新規株式を発行ないし会社が保有する自己株式を譲渡することにより、株主を募集することを言います。手続きが簡便で税務的にも有利な場合が多く、ベンチャーキャピタルが投資を実行する際によく用いられる手法です。

2 事業譲渡

事業譲渡では、株式譲渡と違って事業の全部または一部を譲渡・承継することができます。株式譲渡に比べ、買収資金を抑えられる場合が多いです。また、個別承継なので簿外債務の承継リスクがありません。

デメリットは、まず事業承継後の売り手企業の採算性について検討する必要があることです。個別承継のため許認可関係や契約関係の見直しが必要になることもデメリットと言えます。また、売り手企業の繰越欠損金の承継はできません。

事業譲渡は、特定の部門のみを譲渡対象とする場合や、M&A対象会社に瑕疵《かし》があり、株式譲渡により会社全体を譲り受けることにリスクがある場合には、事業譲渡が検討されます。

また、事業譲渡に似た方法として、会社分割という方法もあります。

[株式譲渡(➡)・募集株式発行(⇢)]

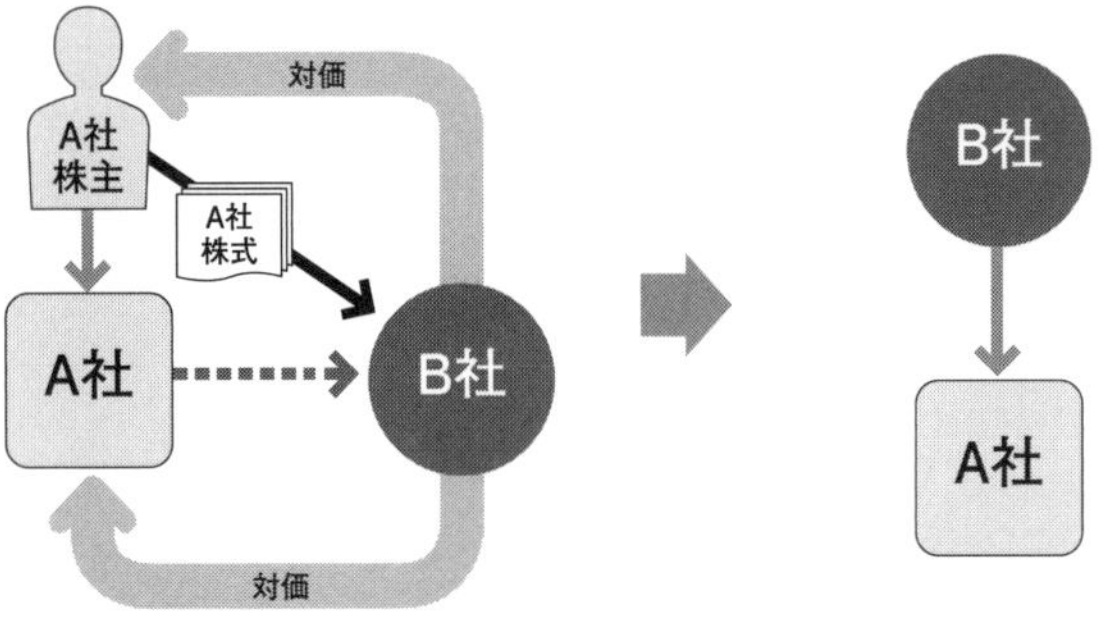

○ メリット

- ➡ 買収する株式の割合は自由である
- ➡ 手続きが簡便である
- ➡ A社の繰越欠損金を承継可能である

✕ デメリット

- ➡ 企業の1部門だけの買収は不可
- ➡ 簿外債務の承継リスクがある

[事業譲渡]

○ メリット

- ➡ 事業の全部または一部の譲渡・承継が可能
- ➡ 株式譲渡と比べ、買収資金を抑えることができる場合が多い
- ➡ 個別承継のため簿外債務の承継リスクがない

✕ デメリット

- ➡ 事業譲渡後のA社の採算性について検討する必要がある
- ➡ 個別承継のため許認可関係や契約関係の見直しが必要である
- ➡ A社の繰越欠損金の承継は不可である

［ 株式譲渡と事業譲渡の比較 ］

項目／方法	株式譲渡	事業譲渡
承認機関	取締役会	原則、株主総会特別決議
譲渡対価	現金	現金
反対株主の株式買取請求	なし	あり
資産負債の移転	–	個別
債権者保護手続き	なし	個別同意
簿外債務リスク	あり	低い
従業員の引き継ぎ	–	個別
のれんの償却	不可	可
繰越欠損金の承継	可	不可
消費税	なし	課税あり
不動産の税金	なし	課税あり 登録免許税、不動産取得税、個別資産税

3 合併

合併のメリットとしては、企業規模拡大によるスケールメリットを享受できること、部門統合によるコストが削減できることが挙げられます。一定の要件を満たせば、被合併企業の繰越欠損金も承継できます。

デメリットは、企業文化の融合に問題が残り、融合するまでに時間がかかる場合があることです。対価を株式とする場合は、再編後の存続会社の株主構成に留意が必要になります。また簿外債務の承継リスクが生じます。

合併には、吸収合併と新設合併があります。吸収合併は、一方の法人格のみを残し、他方の法人格を消滅させ、合併により消滅する会社の権利義務を、合併後存続する会社に承継させる手法です。

新設合併は、すべての法人格を消滅させ、合併により設立する会社に承継させます。実際はほとんど吸収合併が選択されています。

新設合併の場合、事業に必要な許認可の新規取得が必要になったり、上場会社が消滅会社となる場合に、上場を維持するために新規上場申請を行う必要があったりするからです。登録免許税も吸収合併より新設合併のほうが高くなります。

株式譲渡よりも手続きが多いにもかかわらず、統合作業を速やかに進めなければならないので、現場の負担が大きくなります。

4　会社分割

会社分割とは、会社の一部またはすべての事業を切り離して、別会社に移転するM＆A手法の一つです。会社分割の対象となる事業が抱える権利義務は、移転先の会社にすべて引き継がれます。

移転資産などを既存の会社に承継させるか、新設会社に承継させるかで、「吸収分割」と「新設分割」に分類されます。また、移転資産に対する対価を分割法人に交付するか、分割法人の株主に交付するかで「分社型分割」と「分割型分割」に分類されます。

分割法人というのは、分割によりその有する資産および負債の移転を行った法人のことです。分割により分割法人から資産および負債の移転を受けた法人を、分割承継法人と言います。

会社分割のメリットは、事業の全部または一部を譲渡・承継できること、株式譲渡と比べ買収資金を抑えることができる可能性が高いことです。包括承継のため、事業譲渡と比べて資産・負債・権利義務の承継が簡便なこともメリットです。

デメリットは、非上場株式の場合、対価の現金化が困難であること、分割後の分割法人の採算性について検討する必要があることです。これには、簿外債務の承継リスクも伴います。

事業譲渡との違いは、会社分割のほうが法務手続きによる負担が小さいことと、事業譲渡は消費税の課税対象となりますが、会社分割は課税対象外ということです。不動産所得税の軽減なども考慮すると、税務面から見れば会社分割のほうが優遇されやすいと言えるでしょう。

[合併]

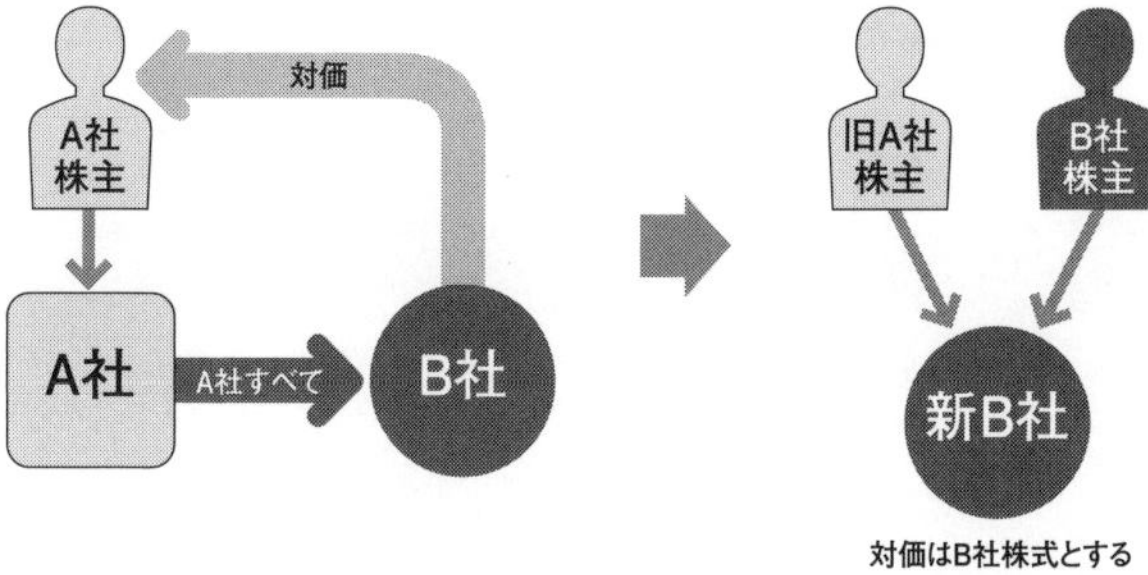

○ メリット

- ➡ 企業規模拡大によるスケールメリット
- ➡ 部門統合によるコスト削減
- ➡ 一定の要件を満たせば、A社の繰越欠損金を承継可能である

✕ デメリット

- ➡ 企業文化の融合の課題がある
- ➡ 対価を株式とする場合は、再編後の新B社の株主構成に留意する必要がある
- ➡ 簿外債務の承認リスクがある

[会社分割]

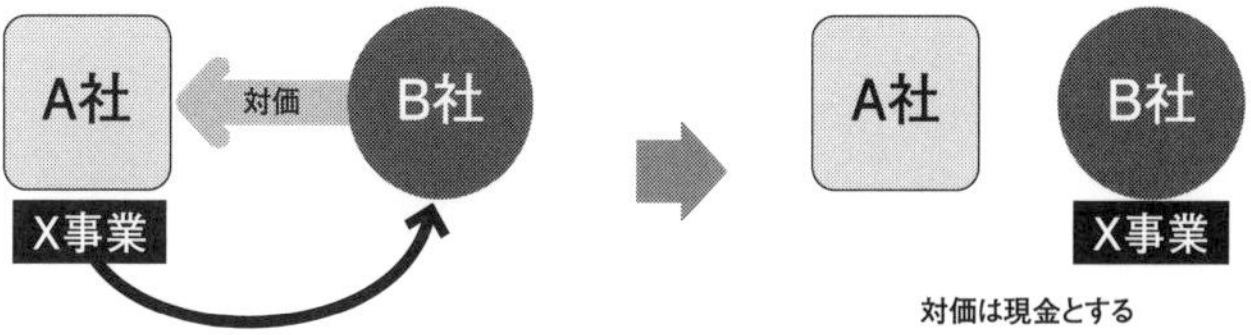

○ メリット

- ➡ 事業の全部または一部の譲渡・承継が可能
- ➡ 株式譲渡に比べ買取資金を抑えることができる場合が多い
- ➡ 包括承継のため事業譲渡と比べ、資産・負債・権利義務の承継が簡便

✕ デメリット

- ➡ 非上場株式の場合、対価の現金化が困難である
- ➡ 分割後のA社の採算性について検討する必要がある
- ➡ 簿外債務の承継リスクがある

[吸収合併と新設合併の比較]

項目／方法	吸収合併	新設合併
時間	新設合併より手続きが簡単。営業の許認可も承継できるので、時間がかからずに済む	手続きが煩雑で、時間がかかる。営業の許認可も取り直さなければならない場合が多い
費用	新設合併に比べて費用がかからない	新設会社全体に関して諸々の手続きが必要となるため、費用がかかる
不動産移転にかかわる不動産取得税	非課税	非課税
不動産移転にかかわる登録免許税	土地と建物　各0.4%	土地と建物　各0.4%
資本金の増加にかかわる登録免許税	合併で増加した資本金の1000分の1.5。ただし、合併前の両者の資本金の合計より増額した場合は、増額分については1000分の7	新設会社の資本金の1000分の1.5。ただし、合併前の両者の資本金の合計より増額した場合は、増額分については1000分の7

[会社分割と事業譲渡の比較]

項目／方法	会社分割	事業譲渡
承認機関	原則、株式総会特別決議	原則、株主総会特別決議
譲渡対価	原則、株式	現金
反対株主の株式買取請求	あり	あり
資産負荷の移転	分割事業にかかわる資産・負債・権利債務を包括的に承継	個別
債権者保護手続き	あり	個別同意
簿外債務リスク	簿外債務の承継リスクがある	低い
従業員の引き継ぎ	包括的に承継できる	個別
のれんの償却	可	可
繰越欠損金の承継	不可	不可
消費税	なし	課税あり
不動産の税金	登録免許税の軽減平成27年3月まで 1.8% 不動産取得税非課税（要件あり）	課税あり 登録免許税 2%
許認可の引き継ぎ	引き継げる場合もある	引き継げない
資本金の増加にかかわる登録免許税	合併で増加した資本金の1000分の7	なし

5　株式交換と株式移転

株式交換は、既存会社間で100%親子関係を創設する場合に用いられる手法です。ある会社が子会社となり、すべての発行済株式をすでに存在する他の会社に取得させ、完全親子会社関係を創設します。

100%の親子関係は、株式譲渡によっても実現可能ですが、株式譲渡を行う場合には、株主が株式譲渡に合意をしなければならず、株主が多数存在する場合は難しくなります。ただし、株主全員の同意を得ることができなくても、議決権の3分の2以上を有している場合には、株式交換で100%親子関係を創設することができます。

議決権を3分の2以上有していない場合には、議決権が3分の2以上になるまで株式譲渡の方法を用いることになります。

株式交換のメリットは、完全子会社とするための手法として利用可能な手法であること、親子会社が別法人として運営が可能であることです。強制買収が可能ですから、親会社の株主が多い場合は有効です。

デメリットとしては、対価を株式とする場合は、再編後の株主構成に留意が必要であること、株式譲渡と比べて手続きが煩雑であること、簿外債務の間接的な引き継ぎが不可避であることなどが挙げられるでしょう。

株式移転は、事業会社を多数有している会社が純粋持株会社（ＨＤ：ホールディングス）を創設する場合に用いる手法です。子会社となる会社の株主が所有するすべての発行済株式を新設する持株会社に取得させ、自社を完全子会社化する手法です。

株式移転は、強制的に全株主の株式を株式移転完全親法人の株式に交換させるため、株式交換と類似していますが、完全親法人は既存会社ではなく、新設会社である点が異なります。

株式移転のメリットは、両社が別法人として運営が可能になること、買収イメージが少ないことです。再編後はホールディングスの他企業の買収がしやすくなります。

デメリットとしては、ホールディングスへの決裁確認が増加すること、傘下の企業同士の連携がしにくいことなどです。そして、簿外債務の間接的な引き継ぎも不可避です。

既存の会社が親会社になるのが株式交換であるのに対して、新設されたＨＤ（ホールディングス）が親会社になるのが株式移転であると理解してください。ホールディングスが新設されれば、それ以外の会社はすべて子会社になります。

[株式交換]

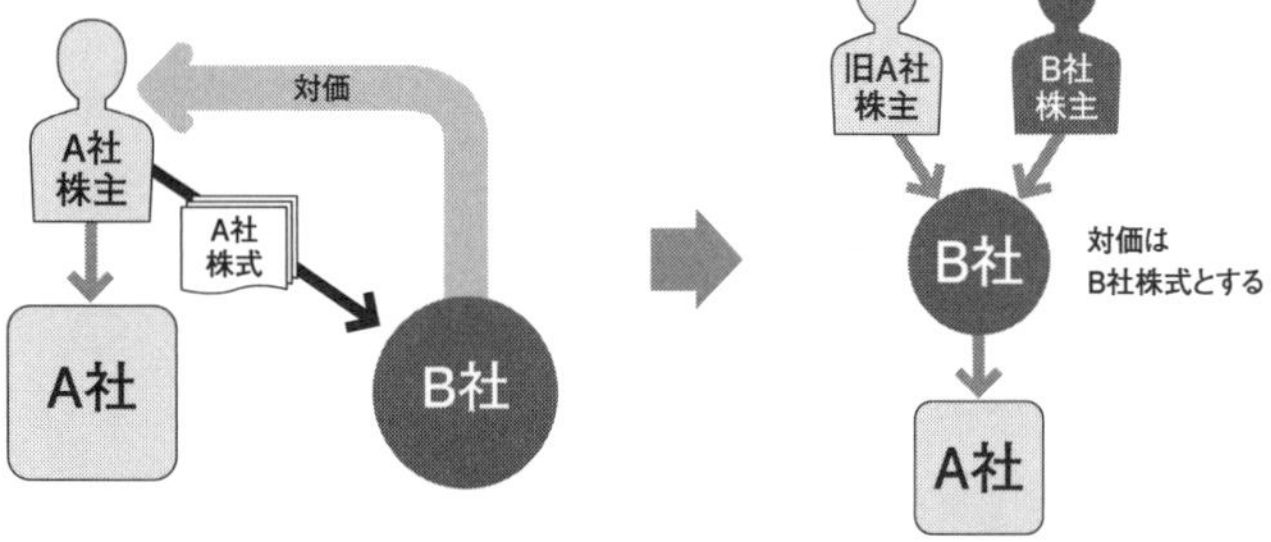

〇 メリット

- ➡ 完全子会社とするための手法として利用可能である
- ➡ A社とB社を別法人として運営できる
- ➡ 強制買取が可能なためA社株主が多い場合は有効である

✕ デメリット

- ➡ 対価を株式とする場合は、再編後のB社株主構成に留意が必要である
- ➡ 手続きが株式譲渡と比べて煩雑
- ➡ 簿外債務の間接的な引き継ぎが不可避である

[株式移転]

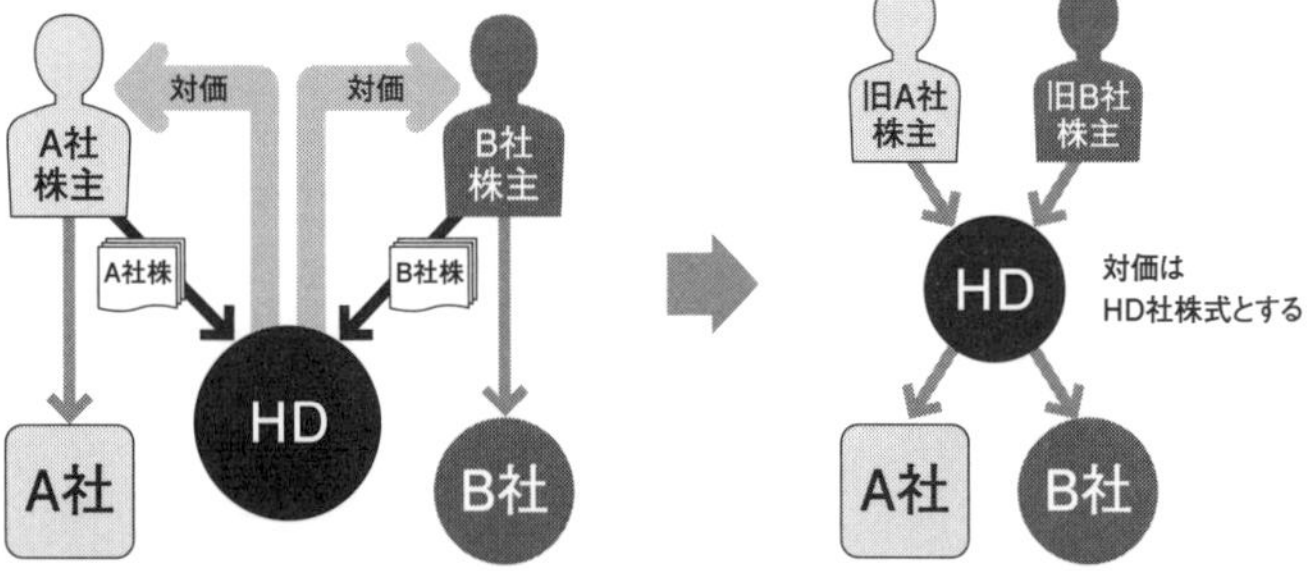

〇 メリット

- ➡ A社とB社を別法人として運営できる
- ➡ 買収イメージが少ない
- ➡ 再編後、HDの他企業の買収がしやすい

✕ デメリット

- ➡ HDに対しての決裁確認の増加
- ➡ 傘下の企業同士の連携がしにくい
- ➡ 簿外債務の間接的な引き継ぎが不可避

[株式交換]

■イメージ図

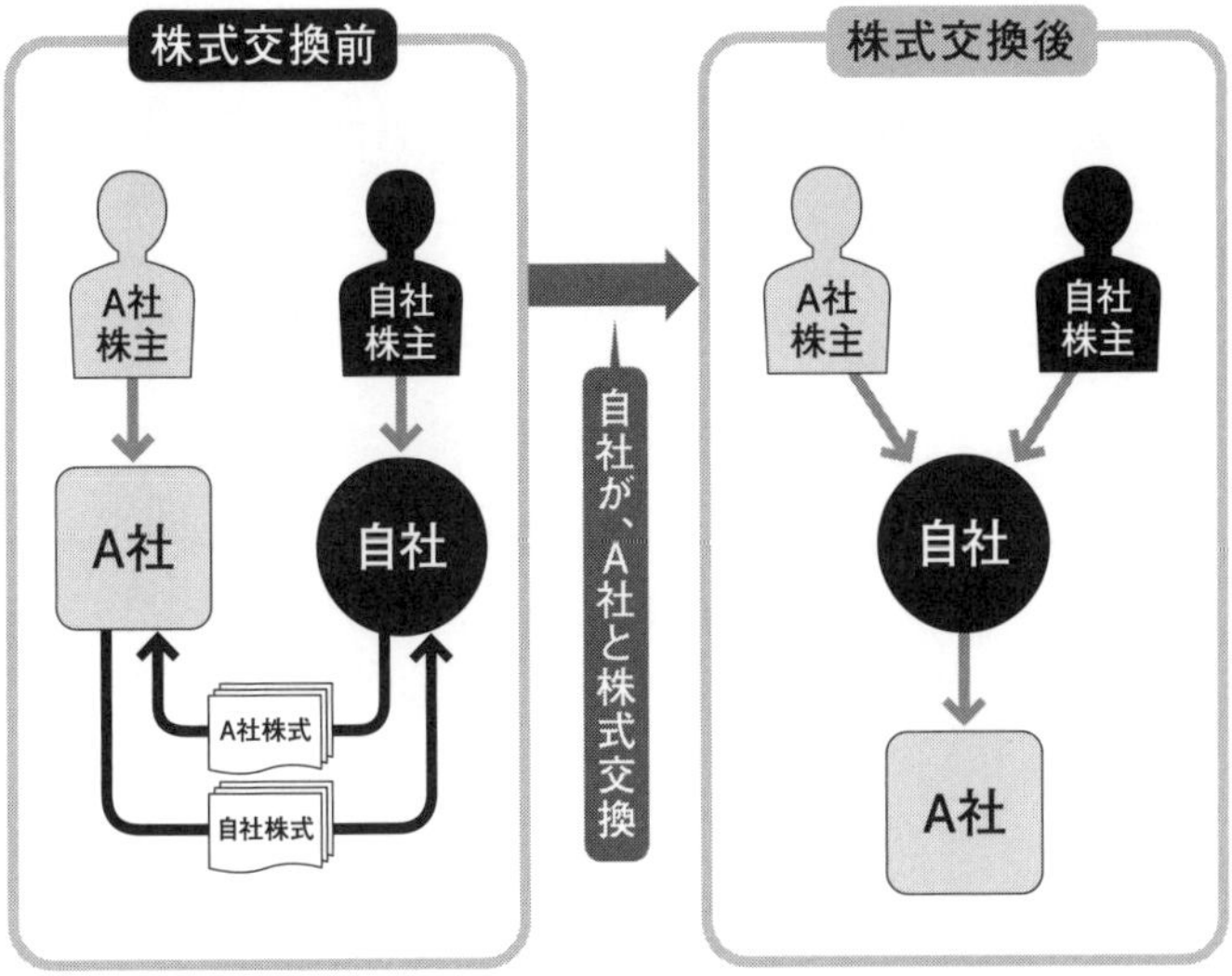

➡ 株式交換は、既存会社間で100%親子関係を創設する場合に用いられる手法である

➡ 100%親子関係は、株式譲渡によっても可能であるが、株式譲渡で行う場合には、株主全員が株式譲渡に合意しなければならず、株主が多数存在する場合には困難となる

➡ 株主全員の同意を得ることはできないが、議決権の3分の2以上を有している場合には、株式交換で100%親子関係を創設することができる

➡ 議決権の3分の2以上を有していない場合には、通常、議決権が3分の2以上になるまで、株式譲渡の方法を用いることになる

上場企業の株式買収の方法

参考までに、上場企業の株式買収の方法も紹介しておきましょう。上場企業の発行済株式の買収には、市場外取引と市場取引があります。

［市場外取引］

❶ TOB（公開買付）

不特定多数の株主に対して新聞などで公告し、証券市場外で株式を買い集めます。企業買収を目的に行われます。

❷ 相対取引

特定の株主と1対1の取引で株式を買収します。買収後の議決権が3分の1を超える場合は、この方法を使えません。

［市場取引］
証券市場で株式を買う上場企業の株式買収で最も一般的な方法です。M&Aでもある程度利用されていますが、大量の株式買収にはあまり適しません。

ポストM&A（PMI）が重要になる

ここまでM&Aの戦略とスキームについて解説してきました。ここからは、M&Aのシナジー効果を発揮するために、事前に注意しておくべきことについて話を進めましょう。

それは、「ポストM&A（PMI：Post Merger Integration）」です。

PMIとは、M&Aのメリットを高めるため、総合計画および実行を支援し、組織に必要な全機能の統合を効果的に進める手法です。M&A後、統合の度合いに応じて、必要となる統合業務量も変化します。

実際にM&Aを実行した後、買収や合併の相手先とスムーズに統合し、シナジー効果を発揮させることは、非常に重要な課題です。M&A案件の中には、この点に対する取り組みがうまくいかずに失敗するケースが少なくありません。

とりわけ失敗しているケースの多くは、ビジョン不在、リーダーシップ欠如、新会社の姿が曖昧といった〝落とし穴〟に陥っています。

ビジョン不在　…………M&Aの目的が不明確で、M&A後も業績低下を脱却できない。

リーダーシップ欠如　…主導権争いや企業文化の違いから、M&A後の体制がスムーズに機能しない。

新会社の姿が曖昧　……単に業務・組織を統合することに終始し、M&Aのメリットを享受できていない。M&Aの事前のリスク調査が不十分。事業規模拡大に対して運営能力が追いつかないなど。

こうしたM&A後に陥りやすい問題点は、煎じ詰めればM&Aにより一気に生じる利害対立が主原因です。そしてこれらを解決し成功に導くにあたり、重要になるのがPMIなのです。

ＰＭＩの推進力のレベルが、Ｍ＆Ａの成否を分かつことになります。目標とするシナジー効果を創出するためには、統合前からリスク対策計画などの準備を行うにとどまらずそれを正しく実行する必要があります。

以下、統合前と統合前後に対応すべきことを箇条書きにしておきましょう。

［統合前］

- 各種デューデリジェンス実施・リスクの把握
- 経営と財務のシナジー効果の分析
- 成長シナリオの想定
- 投資基準を基にした評価
- 企業価値モデルの構築
- 税務ストラクチャーの検討
- 経営統合の素案作成
- 企業価値評価の実施

➡

［統合前後］

- キーマン喪失防止対策
- 組織の混乱防止対策
- 顧客対応
- プロジェクトチーム体制の確立
- プロジェクトガバナンスの確立
- トップのリーダーシップの発揮

　こうした準備・対策を怠ると、ＰＭＩ推進力が欠如した状態になり、当初目標としていた価値と、実際に生まれた価値の間にギャップが生じてしまいます。

スタディ

それではここで、第5章のおさらいをしましょう。

M&Aを考えている当該会社の社長になったつもりで、次の設問について考えてみてください。

［設例］どの企業をターゲットにすべきか

T社は、東京都千代田区でEコマース関連事業を経営しています。T社のEコマース事業は評判が高く、大変多くのお客様に利用されています。今回、T社の強みを活かして販売、生産および技術シナジーを見込んだ水平型M&Aを考えています。銀行からは、候補の企業として以下の3社が提案されています。T社の社長は、どの企業をターゲットとすべきでしょうか。

■A社
千代田区で商材の開発・販売業を営んでいます。T社の仕入れ先でもあります。

■B社
千代田区でアプリゲームの開発業を営んでいます。T社とは取引はありません。

■C社
神奈川県横浜市でEコマース関連の事業を営んでいます。T社とは取引はありません。

［解答］C社

A社はT社の仕入れ先ですから、垂直型M&Aとなるため、T社の目的とは一致しません。そして、B社とではT社の技術シナジーを活かすことができません。
その点C社は、T社と同業であるEコマース事業を営んでいるため、買収した場合、販売、生産および技術シナジーを活かせる水平型M&Aとなります。

第6章

これだけは知っておきたい
経営者のための
M&Aのフロー

仙石 実

M&Aは、実際にはきちんと段取りを踏んで進められていきます。本章では、ターゲットの選定からクロージングまで、各ステップでこれだけは押さえていただきたいM&Aのフローを解説していきます。知識(情報)がなければ適正な判断はできませんが、知識に頼りすぎて行動を決断すれば、落とし穴が待ち構えています。知識はあくまでもナビゲーター。企業経営のハンドルを握っているのは、あなたの経営力です。日々M&Aを実行する経営者と接しているからこそ見えてくる、心の底にあるものを汲み取りながら、M&Aのプロとして経営者の方をより良き方向へとナビゲートしていきます。

ターゲット企業を選定
――秘密保持契約、簡易価格算定

実際のM&A取引において、経営者が会計・税務の交渉に逐次かかわることはないと思いますが、次のような流れでM&A取引が進んでいくことをきちんと理解しておくことは、M&A実行の経営判断において大事なことだと思います。誤った理解は誤った結論を導いてしまうからです。

M&Aは、おおむね以下の6つのステップに沿って進められていきます。

ステップ1　ターゲットの選定……アドバイザリー契約、秘密保持契約の締結
ステップ2　ターゲットの企業の分析……スキームの検討、簡易価格算定
ステップ3　意向表明……基本合意契約の締結
ステップ4　デューデリジェンス……財務・税務、法務面などの検証

ステップ5　バリュエーション（企業価値評価）……事業価値、企業価値、株式価値、無形資産価値の算定

ステップ6　クロージング……最終契約の締結

M&Aの手続きの流れを、売り手企業・買い手企業それぞれの対応に分けて整理していきましょう。M&Aに関する一連の業務をすべてワンストップで対応する当社の業務に即して進めていきます。

ステップの1〜6は、事前準備・探索業務・実行業務という3つのフェーズで進行していきます。

事前準備は、売り手企業の初会面談からスタートとなります。M&Aのフローに関して一番大事なことは、売り手企業との信頼関係の構築です。すでにふれていますが、創業経営者にとって自分の会社を売るということは、自分の子どもを手放すような決断です。そんな大事なことを託すわけですから、相手への信頼がなければ、案件そのものが動き出しません。

事前準備で最も重要なことは、秘密保持契約書（NDA：Non-disclosure agreement）

の締結です。秘密保持契約には、秘密情報の定義に始まり秘密情報を開示できる者の範囲、秘密情報を使用する目的の限定、秘密保持義務の継続期間、交渉が終了した場合の情報の取り扱い、損害賠償の義務などが盛り込まれています。

もう一つ重要なことは専任契約です。M&Aをマッチングする M&A専門会社が、1社なのかそれとも複数社あるのかということは案件を進めていくうえでとても重要なことです。機密保持の観点で言えば、本来のM&Aは専任仲介あるいは専任FAのほうがベターです。そのほうが情報が分散しませんから。

秘密保持契約の後は「いくらくらいで売れるか」という価格の簡易企業価値算定になります。一般的に行われている簡易評価方法は、次の通りです。

M&Aの相場（株価）＝時価純資産＋営業権

時価純資産の評価には、土地、株式などの時価のある資産の時価評価、適正に行われた設備などの減価償却、売掛金などの回収可能性での評価、在庫を売却可能性で評価することなどが含まれます。一般的に営業権は税引後利益×（3～5年）で計算されます。

たとえば時価純資産が1億2000万円、営業権が9000万円×3年の2億7000万円だとすれば、この会社のM&Aの相場は、
時価純資産（1億2000万円）＋営業権（2億7000万円）＝3億9000万円
となります。
むろん簡易算定はあくまでも目安ですから、この金額で売らなければならない、この金額以上では売れないということではありません。孫子の言葉で言えば、買い手企業と出会う前に「敵を知り己を知れば百戦あやうからず」ということでしょうか。買い手企業を評価するためにも、自社の評価を知っておくことは大事なことだと思います。

ターゲット企業の選定――ロングリスト・LOI

次にM&A対象会社候補の絞り込みです。ここで活用されるのが「ロングリスト」と呼ばれているものです。ロングリストとは、M&Aのターゲット候補となる企業を、初期段階で一定の条件のもとに絞り込み、羅列して作成されたリストのことです。

売り手企業は提示されたロングリストの中から、自社のニーズにマッチした企業に絞り込んでいきます。ちなみにそうして絞り込んだリストを「ショートリスト」と呼びます。端的に言えば、M&Aにおけるロングリストの作成の精度は、M&A仲介会社を評価する判断基準にもなります。M&A仲介会社によっては、最もシナジー効果が発揮できる企業が省かれてしまうことがあるからです。

買い手企業の対応も見ていきましょう。まず売り手企業と同様に、私たちは買い手企業とも面談します。ここから探索業務に入っていきます。この時点で私たち仲介会社は、売り手企業について把握していますが、あえて社名を隠して「こういう会社なのですが」と「ノンネームシート」を提示します。これによって、買い手企業の関心度を測るわけです。そして興味を示した買い手候補には、秘密保持契約書を締結してもらいます。

その後、売り手に「こういう企業が興味を示しているのですが、企業情報を明らかにしていいですか」と確認を取り、売り手企業の社名を明らかにして詳細情報を提示します。詳細情報の受領・検討を「ネームクリア」と呼んでいます。

そのうえで、買い手企業から「意向表明書」（LOI：Letter of Intent）が提出されます。意向表明書とは、金額以外にどういう条件であれば会社を買収できるか、大まかな買い手の希望、買収条件を記したペーパーです。端的に言えば、ＬＯＩは買い手の売り手への意思表示です。

また、買い手企業の絞り込みは、ビッド形式と呼ばれる入札方式で行われるケースもあります。複数の買い手候補から最も条件のいい企業をＭ＆Ａの相手として選出するわけです。

ビッド形式の場合は10社ほどが手を挙げます。入札に際してはタイムスケジュールが決められていて、質問項目もいくつまでとあらかじめ決められています。

このとき興味深いのが、必ずしも一番高いプライスを提示した買い手企業が勝つわけではないということです。営利至上主義の経営者は論外として、最終的には経営者の意向によって決定されます。図らずもここで、経営者の人生の考え方や経営力が明らかになるのです。

ビッド形式の場合ですと、数社が出そろったところから1社を選択します。1社選定する理由はお金です。そこから細かい調査に入っていくので、費用がかかります。複数社を選ぶと、それだけ費用がかさむことになります。

この段階で、同時にデューデリジェンスを実行してほしいという要請を受けるケースもありますが、これはあまり賢明な選択とは言えません。買収が失敗する可能性があるのに入札+デューデリジェンスを行うと、会計士・税理士、弁護士などにお金を支払わなければならなくなるからです。

[M&Aの流れ]

STEP 1　ターゲットの選定

アドバイザリー契約、秘密保持契約の締結

▼

STEP 2　ターゲット企業の分析

スキームの検討、簡易価格算定

▼

STEP 3　意向表明

基本合意契約の締結

▼

STEP 4　デューデリジェンス

財務・税務、法務面等の検証

▼

STEP 5　バリュエーション

事業価値、企業価値、無形資産価値の算定

▼

STEP 6　クロージング

最終契約の締結

基本合意書・デューデリジェンスの実施

それではM&A手続きの流れを、ステップ3からステップ4へと進めていきましょう。この実行業務段階まで来ると、売り手・買い手両社が合意したことを示す基本合意書（MOU：Memorandum of Understanding）を取り交わします。

基本合意書の内容には、買収価格、重要な買収条件、デューデリジェンスの範囲、守秘義務条項などが盛り込まれています。

基本合意書には、法的な拘束力はありませんが、以降の交渉において道義的な拘束力として働き、双方がコミットメントを付与します。確認した事項については、最終契約の交渉のときに、再度時間をかけて交渉する必要がなくなります。

交渉成立に向けて、時間とコストをかけるに足る案件か否かの見極めができるようになるのです。文書で確認し合うことにより、主要な点に関し双方の意図を誤解するリスクを回避できるようになります。

むろんクロージングまでのタイムスケジュールも明確になります。さらに適時開示を行うことにより、インサイダー取引規制から関係者を解放することができます。この部分は極めて重要です。

基本合意書には、たとえば「あなたの会社に3ヵ月間の独占交渉権を渡します」ということになって、「その間他社とは交渉しないで、あなたの会社がデューデリジェンスを行ってください」とか「デューデリジェンスで何か見つかった場合は価格の交渉に入ります」といった相互了解事項が盛り込まれています。

では、デューデリジェンスの目的と効果はどこにあるのでしょうか。

デューデリジェンスには、財務デューデリジェンス、税務デューデリジェンス、法務デューデリジェンス、ビジネスデューデリジェンス、人事デューデリジェンス、ITデューデリジェンス、環境デューデリジェンスなどがあります。

デューデリジェンスの主な目的は2つ。1つは取引のリスクを事前に把握することで、ディールがブレイク（失敗）する要因となる事項を早期検出すること。これは投資リスクの軽減に効果があります。

もう1つは、対象会社の株式価値に重大な影響を与える事象の有無を把握すること。これは買収価格の低減に効果があります。

財務デューデリジェンスは、過去の財政状態や損益の状況を確認するとともに、将来の損益、資金状況の予測を評価することを主目的としています。特に実態純資産や正常収益力の把握が重要となります。

財務デューデリジェンスによる主な調査対象は、以下の4点です。

純資産に影響を与える事項⬇実態純資産把握のため、資産の含み損益などを加味した「調整後純資産」を調査

経常的な収益力に影響を与える事項⬇経常的な収益力把握のため、一時的な損益・会計方針の変更等の影響を排除した「調整後EBITDA」を調査

価値算定において留意すべき事項⬇事業計画への反映を検討する運転資本、設備投資、およびNet Debt（純有利子負債：有利子負債から現金などの非事業資産などを差し引いた金額。企業価値から株式価値を算出する際に減算対象となる項目）などを

調査

リスク要素および対応策⬇本案件にかかわるリスク要素および株式譲渡契約などにおいて表明・保証条項とするなどの対応策を調査

このように財務はもとより、税務、労務、人事、システムなど多方面にわたるデューデリジェンスによって問題点が可視化されていきます。

バリュエーションを行う

M&Aにおいて、売り手企業にとってはいくらで売れるか、買い手企業にとってはいくらで買えるかはとても重要なことです。企業価値は、買収する側から見た場合と、買収される側から見た場合では異なってきます。つまり、企業価値は一義的に決まるものではないということです。

バリュエーションが必要になるのは、事業承継における株式譲渡時、合併比率の算定時、株式移転・株式交換時、そしてM&A時などです。

企業価値とは、事業価値（事業から創出される価値）に非事業用資産（現金預金、貸付金、遊休不動産など）を加えたものです。この企業価値から有利子負債である他人資本を控除したものが株主に帰属する株主価値、つまり株式価値です。

M&Aにおいては、企業価値（＝株式価値＋負債価値）を、しっかり算定しておくことが重要になります。M&Aのプロセスにおいては、売り手企業と買い手企業が交渉し、最終的に合意を得た価格に基づいて取引されることになります。

買収価格は実際に取引交渉の結果決まった取引価格で、基本的には株式価値に相当するので、税務の計算の過程で算出された価値とは異なるわけです。

[事業価値、企業価値および株式価値の関係]

➡ ①事業価値　事業から創出される価値

➡ ②企業価値　事業価値に加えて、事業以外の非事業用資産の価値を含めた企業全体の価値

➡ ③株式価値　企業価値から有利子負債等の他人資本を差し引いた株式に帰属する価値

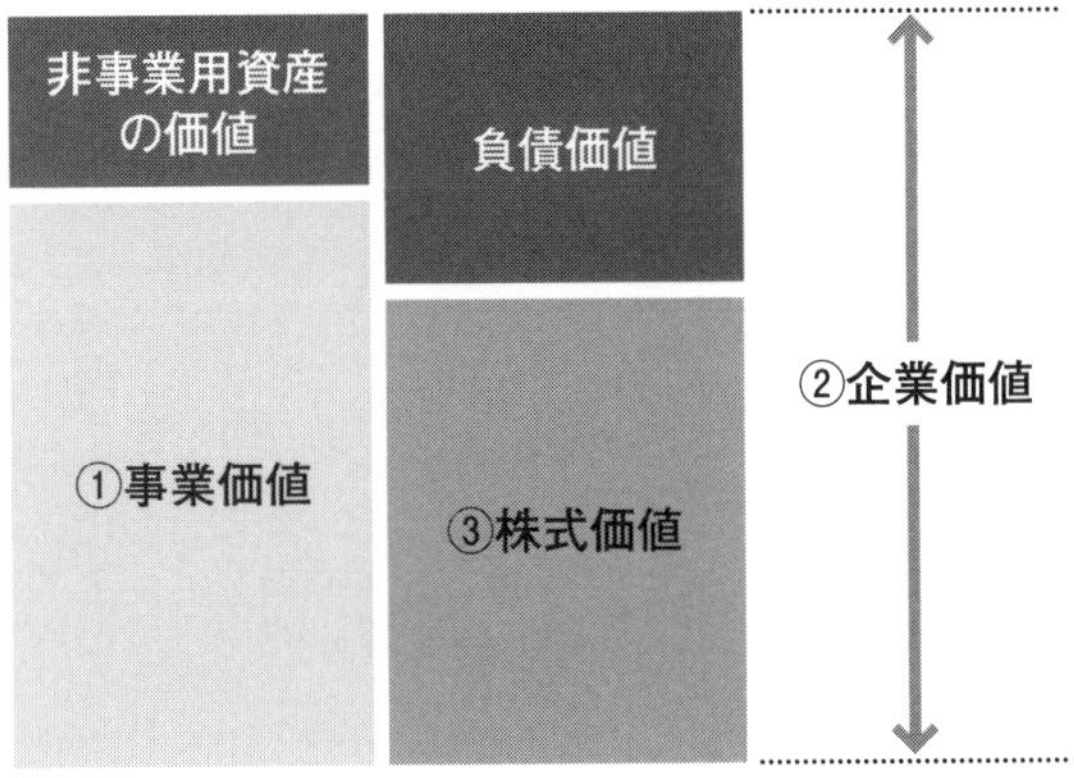

株式価値の算出に際しては、次の3種類を用い、レンジを設けて評価する方法が主流となっています。

インカムアプローチ（DCF法）

対象会社が将来どれくらいの利益（フリー・キャッシュ・フロー）を得るかを計算し、将来の不確定性やリスクを「割引率」として考慮したうえで株式価値を算出する方法

マーケットアプローチ（類似会社比準法）

対象会社と類似した上場会社の財務数値と株価の比率を使って株式価値を算出する方法

コストアプローチ（時価純資産法）

評価対象企業の資産・負債を時価により評価し、その時価評価された純資産をもって株式価値を評価する方法

各評価アプローチは、以下の4つの要素でそれぞれ強みを持っています。

1　**客観性**……客観的な前提条件に基づいた株式評価が可能かどうか、誰が行ってもある程度同じような評価結果が得られるかどうか、評価に恣意性の入る余地が小さいかどうかを表している。

2　**市場での取引環境の反映**……他の類似上場会社の株価動向などを株式評価に反映させることができるかどうかを表している。

3　**将来の収益獲得能力の反映**……企業価値を測定する基礎となる将来獲得することが期待される利益やキャッシュ・フローをどの程度反映させられるかを表している。

4　**固有の性質の反映**……評価対象会社が有する資産などの個別性や、将来成長性などをどの程度表しているかを示している。

インカムアプローチは、将来の収益獲得能力の反映と、固有の性質の反映に、マーケットアプローチは客観性と、市場での取引環境の反映に、コストアプローチは客観性に強みを発揮します。

バリュエーションの方法としては、各評価アプローチの評価結果を比較検討し、最終的に総合評価するのが実務上一般的です。対象会社をそれぞれの評価アプローチの視点から把握し、対象会社の価値を多面的に分析し、偏った視点のみからの価値算定にならないように留意します。

[バリュエーションの方法]

➡ 各評価アプローチの評価結果を比較検討し、最終的に総合評価するのが実務上一般的である

➡ 対象会社をそれぞれの評価アプローチの視点から把握し、対象会社の価値を多面的に分析し、偏った視点のみからの価値算定にならないように留意する

[バリュエーションの算出イメージ]

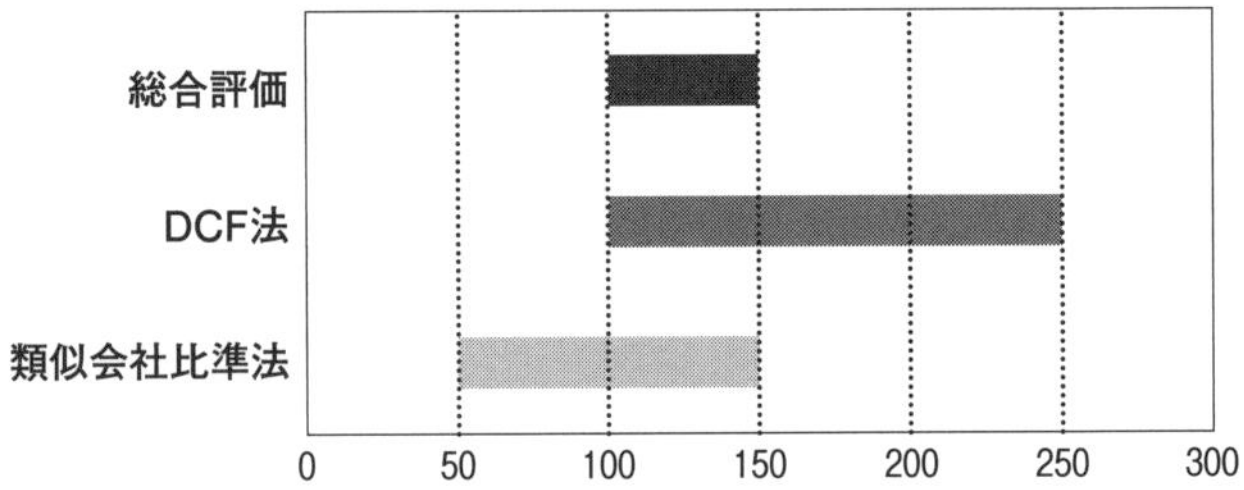

のれん

再確認しておきましょう。**バリュエーション**とは、企業の値段を決めることです。この値段の決め方は、M&Aの成否を分かつ重要ポイントの一つです。

単純化すれば、M&A取引はより高く売りたい売り手企業と、より安く買いたい買い手企業が互いに本音を秘めながら、交渉によって折り合いをつけていく建設的な取引です。

希望する譲渡金額（買収金額）は会社の実態を把握していなければ、説得力を持ちません。絶対的にこれが正しいという算出方法があるわけではありませんし、売るも自由、買うも自由ですから、最終的には双方の経営者の主観によって決まっていきます。

M&A取引の成否は、売り手企業・買い手企業ともに短期で判断できるものではありません。俗な表現をすれば、企業価値の値段が買い得だったのか、売り得だったのかということです。

このことを判断する一つのキーワードが「のれん」です。

「のれん」は、売り手企業のブランド力、技術力、人的資源、顧客ネットワークなど、目に見えない資産価値を表しており、企業の「超過収益力」と説明されることもあります。

たとえば、A社が純資産50億円のB社を60億円で買収したとします。A社は50億円の価値のあるB社を10億円多く支払って買ったことになります。この差額の10億円が「のれん」です。この10億円はB社が有するブランド力や技術力、人的資源などの見えない資産を評価して金額に換算したものです。

反対にA社がB社を40億円で買収したとしましょう。この場合は、B社の純資産を10億円下回っています。こうしたケースを「負ののれん」と呼んでいます。


M&Aにおいては、このように買収金額と対象となる会社の純資産額（資産から負債を減じたもの）には差が生じます。この差額は、売り手企業の事業や財務諸表には表れない無形資産によって決まります。

企業統合に関する会計基準では、分離して譲渡可能な法律上の権利などの無形資産は識別可能なものとして扱われ、取得原価配分の対象資産として認識するよう求められています。

日本では、現状会計基準では求められるものの、企業統合時に著作権などの無形資産を厳格には識別せず、のれんとして処理することが一般的です。現行の日本の会計基準では、のれんは償却資産です。のれんは、貸借対照表では無形固定資産として経理処理されます。

一方、国際会計基準（IFRS）では、のれんは非償却資産であるため償却は行わず、毎期減損テストを行う必要があります。

買収後に収益性が悪化し、のれんに対する回収が困難だと思われた場合、のれんの評価を下げて資産価値を減じることを減損処理といいます。そして、こののれんの資産価値が損なわれているかどうかを検討することを「減損テスト」と呼んでいます。

近年、のれんとは区別して償却資産としての無形資産を認識するニーズが高まっています。企業統合時に、対象会社に存在する無形資産をのれんと区別して認識すると、実態をより明確に財務報告に反映することができます。

日本の会計基準では、のれんを20年以内の期間で償却することに定めています。したがって、事例に戻りA社がB社を60億円で買収したとすれば、貸借対照表には10億円ののれ

[企業会計上の無形資産の取り扱い]

➡ 企業結合に関する会計基準では、法律上の権利など、分離して譲渡可能な無形資産は識別可能なものとして扱われ、取得原価配分の対象資産として認識することが求められている（従来は「認識できる」と容認規定であった）

➡ わが国では、現状、会計基準では求められているものの、企業結合時に著作権等の無形資産を厳格には識別せず、のれんとして処理されることが一般的である

➡ 現行の日本の会計基準では、のれんは償却資産である。しかし、国際財務報告基準（IFRS）ではのれんは非償却資産であるため償却は行われず、毎期減損テストが必要となる

➡ のれんとは区分して償却性資産としての無形資産を認識するニーズが高まっている

[株式譲渡と事業譲渡の比較]

項目	日本基準	国際会計（IFRS）
無形資産の認識	必要➡無形資産の包括的基準が未整備	必要
無形資産の償却	明確な規定なし ➡主に税法耐用年数	耐用年数確定：償却 耐用年数未確定：非償却
（正）のれんの償却	20年内償却	非償却
減損会計	減損の兆候があった場合に減損認識	非償却の無形資産とのれん ➡最低1年に1回減損テスト

[企業統合時における無形資産の評価]

➡ 企業統合時に、対象会社に存在する無形資産をのれんと区分して認識することで、実態をより明確に財務報告に反映することができる

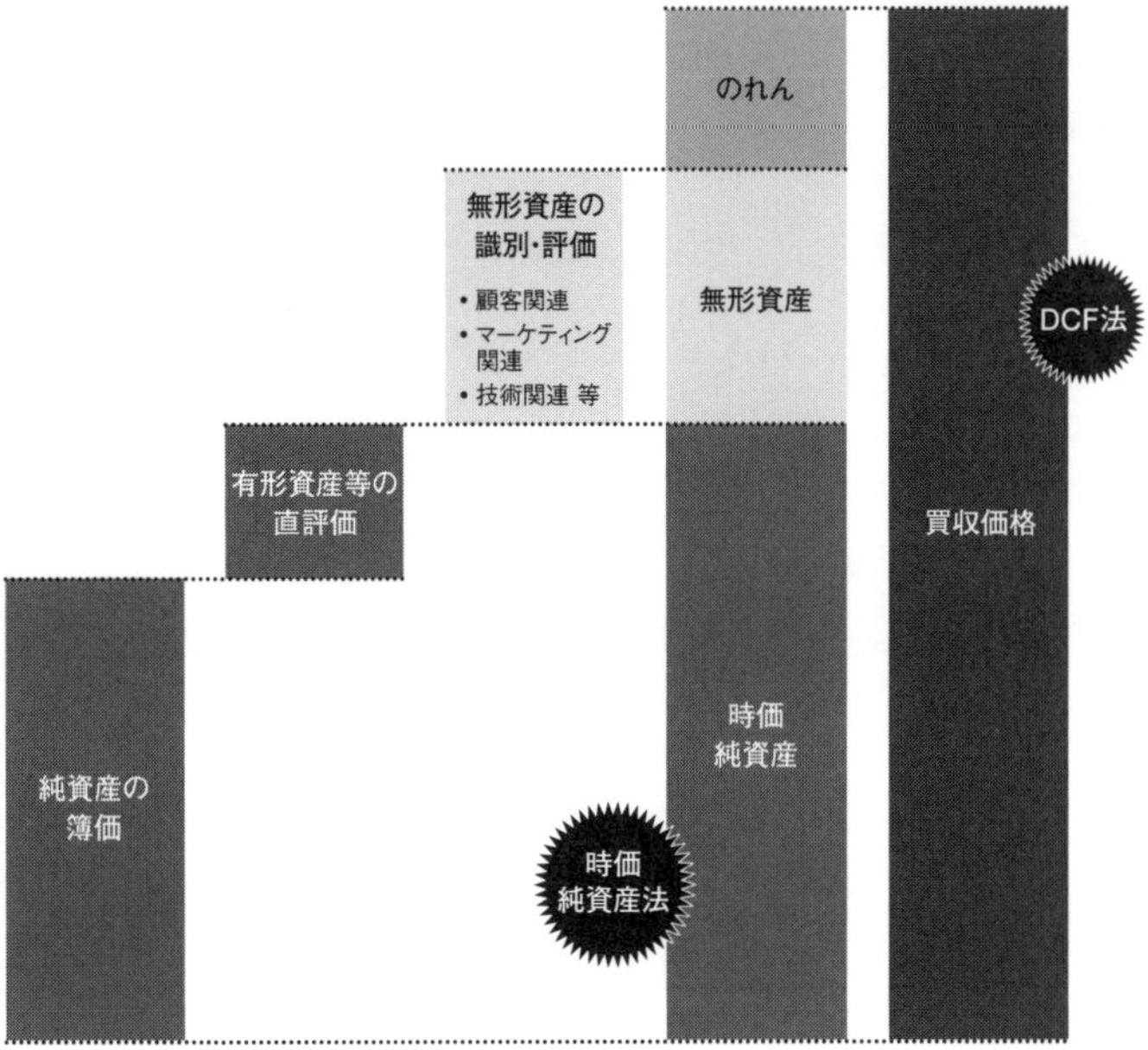

んが無形固定資産として計上されます。つまり毎年5000万円の「のれん償却」を計上し、5000万円ずつ減らしていくことになります。

つまり、IFRSを適用している企業のほうが、のれん償却分だけ利益が増す可能性があるということです。

減損計上の失敗事例から学べること

ここで、多額の減損計上を余儀なくされた失敗例を紹介しておきましょう。

メディアでも取り上げられたのでご存知の方もおられるでしょうが、改めて失敗の要因を確認してみてください。

[DeNA]

ゲーム、エンターテインメント業界の大手、プロ野球チームのオーナーでもあるDeN

Aは、2020年3月期第3四半期に約400億円の減損損失を計上しました。ソーシャルゲームアプリの開発会社を買収したDeNAは、日本の会計基準からIFRSに変更し、「のれん償却」は不要となりましたが、スマートフォン市場の業績が予測ほど伸びず、被買収会社は解散したのですが、「のれん」はゲーム事業全体にかかわるとして減損処理をしませんでした。結果的にその3年後、市場の見通しが厳しくなり、「のれん」を含めた多額の減損処理を行いました。

［RIZAP］

ヘルスケア、美容企業RIZAPは、2019年3月期連結決算で「のれん」減損損失13億円を計上しました。

会社規模の積極的拡大路線の経営戦略のもと、業績の悪い会社を次々と買収し、売上を急増させていきました。買収した会社は赤字だったので、その大部分で発生する「負ののれん」を特別利益として計上することで、会計上の増益を確保していました。ところが、買収後の経営改善が計画通りに進まず、大きな営業赤字を抱えることに。結果的には「のれん」の減損損失を計上するに至りました。

［東芝］

世界的な電機メーカー東芝は、2016年3月期ウェスチングハウス社（WH）の買収に伴い、2600億円の「のれん」減損損失を計上しました。

東芝はアメリカの会計基準を採用しているため、毎年減損テストを実施していました。当初は順調でしたが、2011年の東日本大震災とそれに伴う福島第一原発の事故の影響で原発の建設計画が後退し、WHの公正価格は帳簿価額を下回り減損が生じましたが、東芝グループとしての減損はなかったので、連結グループとして減損を計上しませんでした。その後も、グループとしての減損損失はまぬがれていましたが、東芝グループ全体としての財務状況が悪化し、結局は膨大な「のれん」の減損を余儀なくされました。

こうした大企業ではなく中小・ベンチャー企業がM&Aの対象となる場合、買収価額の多くの部分を「のれん」が占めるケースは多々見られます。

売り手側には、客観的、整合的、将来的な事業計画の提示が重要になります。そのためには売り手としての情報整理・拡充、買い手側の要望の把握とニーズに応じたメリットの提示、自社のアピールポイントの強化、自社ののれん評価の高い買い手企業の獲得などに努めなければなりません。

買い手側は言うまでもなく、「のれん」を正確に把握し、減損リスクを極限まで低減する努力が不可欠になります。そのためにはデューデリジェンスの徹底とその精度の向上、より深いところでの売り手の企業価値の把握、ＰＭＩのタイミングを間違えない適切な実施、会計基準の選択などを真剣に考える必要があるでしょう。

そして、デューデリジェンスによって指摘された問題点が、最終的には株式譲渡契約書に反映されます。買収価格が合意されれば、最終的に株式譲渡契約書をつくっていきます。

無形資産の重要性が増してきている

近年の国際的なトレンドとして、欧米先進国をはじめ無形資産の重要性が増してきて、無形資産を基盤とする企業が増加していることが挙げられます。そんな動きを端的に示しているのが、ＥＳＧ投資への関心の高まりです。ＥＳＧとは、Environment（環境）、Social（社会）、Governance（企業統治）を考慮した投資活動や経営・事業活動を指します。

ＥＳＧ投資は企業の財務情報に加えて環境および社会への配慮、企業統治の向上などの情報を加味し、中長期的なリターンを目指していましたが、昨今はＥＳＧに配慮するＥＳＧ経営にまで広がりを見せています。ＳＤＧｓ（持続可能な開発目標）を目標に掲げる動きも、青木さんがふれておられるように企業がまさしく「社会の公器」となることを示しています。

そうした流れの中で、財務指標だけでは測れないブランド力や技術力、サービスなど目に見えない価値で企業を評価するように、基準が変わってきており、アメリカの上場企業の株価指標では、無形資産の占める割合が有形資産を超えています。

そして注目を集めているのが、事業拡大、企業価値の向上を実現するための人的資本への投資です。これは世界的な動きから見ても、青木さんが提唱されている「人軸経営」に照応するものと言えるでしょう。

人軸経営の重要性については、私も同感です。続く最終章では、M&A成功のために、人軸経営の視点から、M&Aブレイク（失敗）に何を学べばいいのかを見ていきましょう。

第7章

M&Aブレイク（失敗）の要因を知り成功へつなげる

仙石 実

本音の話をします。M&Aに成功と失敗はつきものです。M&Aはヒト、モノ、カネが絡むエゴの集約です。そのことに正面から向き合うことを避ける経営者は、M&Aに失敗します。売り手企業においても、買い手企業においても、M&Aの決め手は、最終的に経営者がどこを大事にしているか、何が譲れないかということです。M&Aはセンシティブな生きものなのです。そのセンシティブな生きものに日々かかわっている私たちは、譲渡側・譲受側から「いったいどっちの味方なの?」と問われることがありますが、どちらかだけに味方することもありません。

M&A取引を通じて縁のあった人たちに幸せになってほしいと願うだけです。

労務管理の杜撰《ずさん》さは意外な落とし穴になる

ここまで、M&A取引におけるシナジー効果を発揮するM&Aの戦略とスキーム、そして、M&Aのフローの概要を見てきました。その間、的確に対応したとしても、最初のマッチングから取引成立後に至るまで、いつでもブレイクするリスクを秘めています。客観的に見れば、そんなことでと思われることでも、当事者間においては成否を分かつ切実な問題となります。

慣習に流された杜撰な労務管理などは、意外な落とし穴となることがあります。たとえば、未払い残業代の例があります。結論を言えば、残業代を全く管理していなかった場合などは、深刻な事態を招く可能性があります。

その例として、上場企業が非上場企業を買収するケースを取り上げてみます。

買収される側の会社の作業現場で働く職人さんたちは出退勤のタイムカードをきちんと記していたのですが、残業代が支払われていないことが発覚したのです。

デューデリジェンスの際に、社会保険労務士に労働時間と賃金との関係をすべて集計させたところ、未払いの残業代が5000万円ほどあることがわかりました。これは、ブレイクを誘発する要因の一つになりかねません。

中小企業のオーナーの中には、現場の仕事の進捗状況、人間関係の良し悪しといった目に見える部分で問題が起きなければそれで良しと考えている人もいらっしゃいます。職人さんたちも「労働規定時間よりも遅く帰っているから、今日は残業代発生するよね」などと思いながらも現状の金額で納得してしまっています。要するに、労務管理が整備されていない現実を、誰も問題にしようとはしなかったのです。

結局、買収した企業側には、その分を支払わなければならないというリスクが生じます。買い手が上場企業であればなおさらです。そこで買い手側が、買取価格から5000万円を減額してくださいと、売り手側に要請しました。しかし、売り手側は「それは無理です」と答えたので、残念ながらこのM&A取引はブレイクしました。

コンプライアンスが弱い会社は結構あります。たとえば上場しようとしている会社が、こうした弱点の自覚のない会社を買収してしまうと、上場審査の際に引っかかってしまう可能性があります。上場審査では、労使トラブルをはじめ人事系の課題が指摘されることが多いからです。

しかし実際のところ、人事系の問題は顕在化しにくいので、買い手側もどんな従業員が在職しているかはわかっていません。何かと会社で問題を起こすモンスター社員のような社員が交じっている可能性もあります。そうしたモンスター社員が、たまたま半年前に入社したばかりということもあるでしょう。

売り手企業が、リストラ要員の社員を子会社に全員集めて、子会社ごと切り離して売却しようとした事案などもあります。実際の取引では、買い手企業が相手先のすべての情報を把握するのはとても困難なことです。

特に、買収前に売り手企業の社員と面談するには限界があります。通常面談できるのはキーパーソンまでです。末端の社員までは、さすがに難しいのが実情です。

通常M&A取引は、人事的にも直前までは社員に知らされることはありません。知らせた後にブレイクしてしまった場合のリスクが怖いからです。やはりM&Aを止めましたとなると、社員の意識は後ろ向きになりかねません。

上場企業の場合、M&Aの情報を直前まで秘匿しておくのは、インサイダー取引の規制にかかわってくるためでもあります。すでにふれたように、基本合意書を提出する意味はインサイダー取引の防止の意図もあります。過日もあるファンドがTOBをしかけたときに、インサイダー絡みで逮捕者が出ました。

とりわけ上場企業の場合は、より慎重になります。先に合併やTOBの情報を入手してしまうと、株をばら売りすることなどができるからです。上場企業がかかわると、インサイダーとの絡みが大きくなるので、機密漏洩には極めて慎重になります。上場企業が売り手になるケースも稀《まれ》にありますが、その場合たいていは株価が下がります。

いかに安く買うかという方向へ行きがちになる

一般的にM&A取引は、M&A仲介会社が仕切ります。M&A仲介会社は多くの案件にかかわってきた経験と知識がありますから、M&A取引を成功させることへと頭が行きがちになります。M&AにはPMIが重要だという話をしましたが、本来重要なのは、買収した後です。買収した後、その会社が伸びていかなければ買収した意味がありません。

しかし現実は、この会社をいかに安く買うかという方向へ頭が行ってしまい、本末転倒になってしまうケースが多く見られます。買うことに一生懸命になって、買った後のことがおざなりになってしまうケースもあります。なぜかと言うと、M&Aのプロセスが短すぎて、買った後の〝絵〟までは描けていないからです。

買ってみたら思惑と違ったというようなケースは実際に起きます。それは、やはり検証期間が短かったからでしょう。

M&Aを恋愛関係にたとえてみましょう。学生時代から付き合っていた関係ならば、お互いのことをよく知ったうえでお付き合いが始まるのでしょうが、婚活パーティーなどを介し、初対面同士が出会うようなケースでは、短期間で相手のことを十分に知るのは難しいでしょう。同様の難しさがM&Aにはあります。

しかも、大きなウエイトを占めるのは経営者の個性です。

ある上場企業の社長が「シナジー効果があると思って買ってみたのだが、シナジーを発揮できたことがない」と言っていました。

積極的な経営戦略のためにM&Aを実践する創業経営者は、ずっと単体での勝負に勝ってきたわけですから、独自の価値観を持っていて、他の経営者の考え方とは容易に融合できないことがあるのです。

M&Aの機密性の観点から考えれば、M&Aのプロセスの中で一緒に働いてもらって相互理解を深めるといっても、情報漏洩の可能性もあるわけです。それが原因でブレイクしてしまうこともあります。この点もM&Aの難しさです。

「自分が大切にしているものは何か」という心のせめぎ合い

買う側がデューデリジェンスをかけて調査をした結果、「すみません。今回はごめんなさい」とブレイクしたその何年後かに、買う側が売り手側と同じようなビジネスを行い問題になったこともありました。買う側は、M&Aで入手した情報を自分のビジネスに活用しようと考えたのです。こうした問題が起こるのも、M&Aの難しさです。

売り手側も悩んでいます。中には「なんかこの社長、気に食わない」といった説得力を持たない好き嫌いの感情的な理由でブレイクしてしまうこともあります。やはり、M&Aは慎重なお見合いに似ています。


経営者の方たちと食事をしたときにこんな話が出ました。

「資金に余裕があるからM&Aをしたいのだけれど、いい案件がない」

「今ここで買ってもなあ」

案件の規模やタイミングが合わないなど、本当に上手にマッチングしないとM&Aは成功しません。中小企業でも大企業でも、結局やることはあまり変わりませんが、買収金額が大きい案件ほど手数料が大きくなることから、M&A専門業者は大きな案件を重視しがちになります。


特にオーナー経営者の場合、エゴが出ます。自社を売る、売らないという最終的な決断をしなければならなくなると、自分自身が大切にしているものが何かということが出てきます。たとえば老舗の企業ですと、のれんは血よりも濃い、そののれんをどうやって次の世代につないでいくかということが最重要視されます。

一方で「俺もそろそろ上がりたいし、なるべく高く買い取ってもらえればいいや」と考える経営者もいます。もう少し踏み込んで考えている経営者は「ちゃんとスムーズにうちのメンバーを引き継いで、給与も同条件にしてもらえればいいよ」とおっしゃる場合もあります。経営者の想いは千差万別です。

M&Aは人と直結しています。売り手・買い手双方にとって、完全に100%受け入れるというのは難しいことです。ですから、お互いがどこを大事にしていくかというところが、最終的に契約するときの重要なポイントになります。

ここが、仲介会社の場合は難しいのです。「仙石さんって、どっちの味方なの?」ということになるからです。FAのように本来買い手と売り手に分かれたほうが、利益相反になりにくいのは事実。ですから大企業の場合は、買い手と売り手のFAが分かれることが多いです。

仲介会社がマッチングする中小企業の場合は、オーナー同士が知り合いということがよくあります。そこで重要なのが調整です。

「社長、10億円で売りたい気持ちはよくわかります。しかし、どう考えても5億円でしか売れません」

買い手側からは「仙石さん、10億円って高すぎるよ。いくらまでだったら」という調整が入ります。5億円か10億円かという話が、最終的には7億円、8億円でなんとかしませんかという、非常に泥臭い話になります。

泥臭い話で言えば、最終契約書に表明保証条項というものがあります。「こういうことがあったら、あなたが責任を負ってください」といったものです。

たとえば、提出していただいている決算書が適正でないことがわかったら損害を補償すること、残業代の未払いは労働債務になり従業員から訴訟を起こされた場合は、売り手が責任を負うことなどを明記してもらいます。この条件が無制限なのか、払った金額までなのかは、ケース・バイ・ケースで決まっていきます。

売り手は「こんな条項は外してほしい」と言いますし、買い手は、「反映してくれないと買えない」と言います。こうしたせめぎ合いに関しては、実務慣行ではこうなりますとお伝えし説得していきます。

実際にあったケースとして、ほぼ最後まで表明保証を入れないものもありました。というのも、売り手側の会長が話せる状態ではなかったため、会長の意向をなんとか買い手側の社長に飲み込んでもらったのです。

しかし、M&Aは売って終わりではありません。取引が成立した後で、架空売上がわかってしまったときに、売った側に「いや、もう売ったから知らないよ」と言われても困るわけです。「調査して見つからなかったから、こちらは関係ありません」というわけにはいきません。本来表明保証は、そういったときのためにあるのです。

M&Aの価格はマジックのようなものである

M&Aは取引終了が終わりではなくて、スタートです。

経営者にとっては、そこで終わりなのかもしれませんが、従業員や残された役員は、本当にそこからが再スタートです。だからこそ、オーナーがちゃんとそこまで考えられているかどうかが大事になります。

しかしやはり、最後は価格へと目が行ってしまいます。もちろん条件面も重要な論点になりますが、必ずと言っていいほど私の手残りがいくらか計算してほしい、退職金はいくらぐらいになるかというような話になります。ですから、買い手側はより気をつけなければばいけません。価格に頭が集中し、買った後にこの会社をどう活かすかということが見えにくくなってしまうからです。

売却が終わった後のオーナーは億単位のお金を手にしているので、たいていの場合やる気が失せてしまいます。顧問として残るケースもありますが、オーナーだけが得をしているように見え、社員の士気は下がりがちです。

M&A後も会社に残って一緒にIPOを目指すオーナーであれば、また違ってきます。株式の59%をファンドに売り、41%をオーナーが持った状態で、これから一緒にIPOを目指そうということになれば、売り手側の社員も頑張ります。しかし、100%売ってしまったら「まあいいや。俺、辞めたし」となってしまうのも仕方がないことなのかもしれません。

M&Aは、設計次第でその会社を活かすことも殺すこともできるものです。M&Aのプロセスをどううまく進めるかによって、その後の伸びが変わってきます。

一方、若い20代の経営者で、すでに2回ほど会社を売却しているような人もいます。そういう人たちは、自分が創業した会社に対し、あまり未練がないようです。立ち上げて、それを売却して、また上場企業に買ってもらうという考え方で、高齢経営者とは発想が違います。

M&Aの価格は、本当にマジックのようなものです。将来の計画といっても、いくらでも調整できる世界です。特に日本のM&Aは高買いして失敗しているとよく言われていいます。やはりこれは、デューデリジェンスの叩き方が甘いということに帰結するでしょう。

結局、私たちが試算して、この会社は5億円ぐらいだと提示しても、売り手企業側が8億円でなければ売らないという意思表示をしたら、買うか買わないか、欲しいか欲しくないかというような世界になってしまいます。

事業計画はストーリー。それを信じられるかどうかの世界

事業計画というのは、ストーリーです。将来この会社がどうなっていくかというストーリーですから、その話に乗れるかどうかということになります。社長が語る事業計画のストーリーが本当にそうだと信じられるかどうかの世界なのです。なぜなら、1年先も、5

年先も、すべて未来の話なのですから。

デューデリジェンスというのは、まず現在の損益計算書が合理的かどうかを確認し、この将来の経営計画の金額が、過去から推計して理論的な説得力を持っているかといった見方をします。

ストーリーに、営業利益１００万円の会社が、５年後に10億円になると描かれているとしたら、そこに説得力はあるでしょうか。もう一度言いますが、今は１００万円しかない会社です。「このストーリー、信じられますか」という話です。

売り手企業は、高く売りたいわけですから、当然良いストーリーを描こうとします。M&Aの評価においては、中長期経営計画は、最終計画年度の利益が永遠に続くという過程を踏まえて評価されます。１年目、２年目の利益は問題にしません。

最終年度に10億円の利益が出ているということは、以降も10億円の利益が続くだろうという考えを前提としているので、今１００万円の利益しか出ていない会社が50億円の利益を出すことも計画の計算上は可能になります。ですから売り手の社長は50億円で売りたいと考えるわけです。といっても、１００万円の5倍は５００万円です。そこにせめぎ合いが起きるわけです。

「そんな50億円なんてつくわけはないじゃないですか。それでもやるのですか」という世界です。あまり言いすぎてしまうと感情的にアウトになってしまうので、そうならないよう失礼になるかならないかのギリギリで対応する必要があり、それが難しいところです。じっくりと話し込んでも「じゃあ、いいです」と、ジ・エンドになってしまうこともあります。

しかし、10億円の利益が出ると思っている利益1００万円の会社は、画期的な特許などを持っているかもしれないわけです。結局、その価格でしか売らないと言われると、買うか買わないかの世界になってしまいます。

M&Aには、もう一つ難しい問題があります。私たち仲介会社からすると1００万円の会社が10億円で売れたら、その分手数料が大きくなります。そのため、M&A会社は無理やりにでも売ろうとします。お化粧をして少しでもきれいに見せようとするわけです。

買い手側とは、ここがまた利益相反になります。「5年後に10億円になると言われていたけど、5年経っても5００万円しか利益出てないですよ。これって詐欺みたいなものでしょう」「いいえ、あの時点では、そうなると思っていました」といったことが起きるのです。

以前担当した案件で、年商１００億円規模の会社が2倍の２００億円で売りたいと言っていたのですが、最終的に社長が首を縦に振りませんでした。私自身も妥当な価格だと思ったのですが、最後の最後に「売りたくない」という経営者の気持ちが勝ったのでしょう。

プライベートとビジネスを分けられない経営者がいる

M＆Aにかかわりながら、最近思うことがあります。M＆Aとはどういうものなのか、と。経営者一人の個人の人生を考えたとき、M＆Aが本当に幸せになる選択肢なのかということを考えます。案件によっては、一生涯経営者をやり続けたほうがいいのではないかと思う経営者との出会いもあります。

人生１００年時代です。「会社を売って経営を辞めたとたんにやることがなくなり、暇になって困った」と苦笑する経営者もいます。事業をやっているからいろいろな人とも出会えるし、一緒にゴルフなどを楽しむこともできます。企業を売却してしまってお金だけが手に入って、暇を持て余してしまうのです。旅行やゴルフクラブ通いもずっとはできません。仕事をしているからこそみんなも遊んでくれるわけですし、人間関係が疎遠になればいい情報も入ってきません。

会社に行ったら別の社長がいます。そうなると、居心地も良くありません。こういうことを考えて、「生涯仕事をし続けたほうが楽しいのではないか」と思うときがごくたまにあります。

だからこそみなさん迷うのでしょう。自分が長生きしてもっと医療が進歩して、120歳まで生きられるとしたら、60歳になっても人生がまだ半分残っていると考えることができます。政治家の方に引退してすぐ亡くなってしまう人が多いという事実にも考えさせられます。やはり現役時代に比して、やりがいや生きがいをなくしてしまうのではないでしょうか。

ですからM&Aの世界でも、本当に体が不調になったとか、後継者がちゃんと決まっているときなどは別ですが、基本的には自分が納得のいく終わり方をしていったほうがいいのではないかと思います。最後の最後の最後まで本当に良い人生を送ったと、言い切れる人生をともに歩みましょう、とそんな話もしています。

先日お会いした社長さんは、前々から会社を売ると言っていました。ですが心臓に血栓が見つかり、医者から「この血栓がピンッとはねたら、すぐ死にますよ。余命は1年くらいかもしれません」と宣告されたそうです。ところが、幸いなことにその血栓が消えてしまったのです。私たちはみんな大喜びしました。ただ不謹慎であることを承知で言うと、M&Aという面では買い手側のファンドとずっこけてしまったことも事実です。

200億円ほどの案件で、銀行などすべて調整をつけて、もう最期の日を迎えるのではないかというタイミングで「やっぱり売るのは止めた」という結論に至ったからです。オーナーは今、60代前半。

その後お会いしたときは、「仙石さん、申し訳ないけど俺は75歳まで頑張るわ」とおっしゃっていました。

それに対し私は、

「この際、75歳までと言わず120歳まで（社長を）やってください」

と返しました。

おそらく創業経営者には、最後まで人事権を握っていたいという想いがあるのだと思います。それは、自分の納得がいく後継者に継がせたいという想いから生まれる気持ちなのではないでしょうか。

M&Aは、エゴの集約です。ヒト、モノ、カネが絡むのが、M&Aです。

モノで言えば、オーナー社長の中にはポルシェなどの高級車やクルーザーなどを持っている方がいます。会社でそういうのも買い取らなければならなくなったりします。個人の保険もそうです。要するに公私混同の塊になっている経営者も少なからずいるということです。「まあ、いいよ、大丈夫だよ。それ持っておいても」という感覚なのです。世の中、プライベートとビジネスをきちんと分けておられる経営者ばかりではありません。

M&Aの難しさはそんなところにもあります。会社のモノも自分のモノという意識が強い場合、そこにコンプライアンスリスクも潜んでいます。

売り手側がセルフデューデリジェンスをかける

私たちM&A仲介の立場では、会計、税務、法務の観点で見たときに、M&Aの前に

「これはリスクがありますね」というアドバイスをすることもあります。これは売り手側の売却価格にもかかわってきます。

最近では売り手側が、自分の費用でデューデリジェンスを実施するケースが流行っています。売り手側が、買い手側より先に専門家に依頼してセルフデューデリジェンスを行い、自社の弱点、リスクを洗い出して、事前にそこを改善してから買い手を探すのです。何が問題点かを洗い出しておけば、買い手のデューデリジェンスを受けたときも「そこはすでに対応中です」と答えることができます。デューデリジェンスの過程で買い手側から不備を指摘されると、当然叩かれて価格に影響を与えてしまいます。

しかし、あまりそういうことをやりすぎると「社長、変に動いて何だかおかしいな」という話にもなりかねません。そこのところは、秘密保持と具体的なデューデリジェンスとの関係の詰め方の微妙なところです。

経営者には、会社の人にデューデリジェンスをバレたくないといった心理も働きます。そうした思惑から「CFOには知られたくないから誰に相談しようかと思って、仙石さんに聞いてみた」といった相談もあります。最終決断をするまで社内の従業員、役員に知られたくないという経営者は少なくありません。

その意味では、M&Aは非常にセンシティブです。人間のいろいろな心模様が表れます。私たちのところへ「全然高く売れないじゃないか」と苦情を持ち込む経営者もいれば、デューデリジェンスで大きな問題が発見されて「これ出ちゃったらキツイなあ」と泣くことになる経営者もいます。

特に反社会的勢力（反社）との取引があった場合は、深刻な事態になります。IPOを目指している企業の場合、株主は反応が敏感です。反社だけでなく、反市場的勢力との取引も危険です。いずれの場合も、東証や証券会社などに認定されてしまうと、その人がいるだけでアウトになってしまいます。取引先にたまたま反社がいたりすると、それだけでアウトになることもあるのです。上場企業サイドは、とりわけコンプライアンスを気にします。

そうした意味からもM&Aは本当にセンシティブなのです。いろいろな考え方があり、どれが正解というわけではありません。ブレイクしたところから、また復活するケースもあります。結局大切なのは、経営者の想いなのです。売り手側からすれば、手塩にかけて育てた会社を手放すわけですから。ある面、自分の人生の価値を決められるかのような気持ちになるのでしょう。

正直なところ、上場企業のＭ＆Ａでは、失敗しているケースが多く見られます。当初からしかるべきＭ＆Ａの予算がつき、予算消化のために買収することになる場合も多いですし、上から指示された業務ということで十分にＰＭＩができていないというのもあるでしょう。買うことがゴールになってしまっているのです。本来は買った後が重要なのですが、後の結果が出る頃は、担当者が異動でいなくなってしまっているというケースもあります。

米電気自動車（ＥＶ）メーカーのテスラとトヨタ自動車の業務提携とその解消は大企業のＭ＆Ａの失敗例でしょう。当初はトヨタがベンチャー企業のテスラを応援する形でしたが、２０２２年7月~9月期決算でトヨタ自動車の連結純利益４３４２億円に対してテスラは４５４２億円と逆転してしまいました。時価総額もトヨタの32兆円に対してテスラは１００兆円となっています。

最終的には経営者の直感に行き着く

M&Aでは、やはり人を連れてくる難しさがあると思います。人を受け入れるということは、相手企業の企業文化も受け入れるということですから。

たとえば、社員や顧客を大切にする会社を、外的コントロールで社員の仕事を支配しているような会社が買収したら、空中分解してしまうのではないでしょうか。

人が介在するから、M&Aは難しくなるのです。しかし、人を大切にすれば、M&Aの可能性は広がっていきます。

基本合意書を締結して、デューデリジェンスを受けて、譲渡契約書まで詰めてという過程において、PMIを完璧に行うのはほぼ無理であるというのが実情です。ですから、失敗も避けられないということになります。

M&Aは配偶者選びと一緒だと思います。「この人、こういう人だったか」と、後でわかるわけです。出会ったばかりの頃はお互いに良い顔をしますから。通常、恋愛が始まる前にデューデリジェンスはかけないでしょう。

一般的にデューデリジェンスの期間は1ヵ月前後です。経営者の面談1時間、経理部長1時間というように、数時間のインタビューをして、書類チェックをしていくわけですから、精緻にチェックを入れるには無理があります。期間を数ヵ月にしてもさほど変わりはありません。

最終的には、青木さんがよくおっしゃっている〝勘ピューター〟ではないですけれど、経営者の直感みたいなところに行き着くと思っています。その社長に会ったときに「この社長はすばらしい」と思えるかどうかです。

経営者には、経営のスタイル、カラーというものがあります。そのカラーに接して、この社長は誠実そうだ、誠実な人が誠実な経営をしている、この社長が言うならこの計画も実現しそうだと直感から入り、信頼関係を築いていく過程でそれが確信に変わっていくことがあります。それでもM&Aの場合、そのトップがいなくなってしまうのですから、次の後継者がどう引き継いでくれるかという見極めが大事になります。

経営トップがいなくなるというのは、いわば戦国大名の首をはねられてしまった軍団であるわけです。それをどう仕切るかという話です。ただそれを仕切る時間が十分にないのです。首を斬るところが目標になって「よし！　取った！」となって「よし！　まとめるぞ！」というところが上手くいかないのです。

企業文化の違いをどう統合していくか

買った後の、また買われた後の従業員に、報酬制度としてストックオプションをあげるというやり方もあるかもしれません。買われた人たちに、そこから頑張った分報酬をあげるというような制度宣言なども、ＰＭＩ的には重要かもしれません。ストックオプションを出している企業が相手先に買われたとき、それをどうするかが問題になりますが、その結論は相手との交渉次第になります。

買収された社員の方に「Ｍ＆Ａされたときに、ストックオプションはどうなりましたか？」と聞いたことがあります。そのとき、「みんな失効になって誰ももらえない」「社長だけが株を売却して利益を得た」という答えが返ってきました。一方で、Ｍ＆Ａの後、ＭＢＯ（経営者による自社の株式や事業部門の一部を買収すること）がかかって、ストックオプションごと買い取ってくれたという事例もあります。

これは、買われた後の話です。買収されて子会社になった企業の社員は士気が下がっていますから、ストックオプションなどを出して鼓舞しようという施策も大事だということです。

また、問題になるのが、買った会社のほうが買われた会社よりも、給料が低いというケースです。親会社の方が給料が低くて、子会社のほうが給料が高いというアンバランスを是正するために、親会社に合わせてしまうと従業員が辞めてしまう可能性があります。通常は現状維持ですが、そこの調整が難しいのです。あわせて、有給休暇や退職金制度の有無などの企業文化の違いを、どう統合していくかということも大きな課題です。

最後に、改めて自分の会社の価値を知ることが大事だということを確認していただきたいと思います。その価値というのは、あくまでも相対的な価値です。相続したときにはどのぐらいの価値になるのか。それは相続税につながります。もう一方でM&Aをしたときには、どのぐらいの価値がつくのか。すなわち、相続の際の企業価値とM&Aをするときの企業価値は異なります。まずはどのくらいの価値がつくのかを知る必要があります。

社長たちは、相続やM&Aより自社の営業で売上をつくることのほうに頭が行きがちです。通常は自分がいつか死ぬということや、残されたご家族のことは考えないのです。ただ、それを客観的に知っておくということはとても有意義なことです。

まだ実施されていない社長は専門家に自社の企業価値の査定を依頼すべきだと思います。まず自社の置かれている状況を理解することです。みなさん当然に悩みます。IPOを目指すか、M&Aを考えるか、相続、事業承継で身内、従業員に託すか。選択肢はこの3つでしょう。ここではあえて廃業にはふれません。プロ経営者をどこかから連れてくるという選択肢もあっていいと思います。

第7章では、経営者の方に日々経営の舵取りをしている中でM&Aの本質について考えていただくため、M&Aの体系的な理解に重きを置くのではなく、私が日頃感じているリアルな実感に沿って書かせていただきました。

生きたM&Aと向き合っている私は、まとめの言葉としてこう言いたいと思います。

M&Aの本質は、縁ある人を幸せにすることです。

M&A
特別懇談

独立行政法人中小企業基盤整備機構　理事長
豊永厚志

×

元参議院議員・ミッションコネクト　代表
アチーブメント株式会社　顧問
木俣佳丈

×

アチーブメント株式会社　代表取締役会長　兼　社長
アチーブメントグループ　CEO
青木仁志

×

南青山アドバイザリーグループ　代表
公認会計士・税理士
仙石　実

豊永厚志（とよなが・あつし）

独立行政法人中小企業基盤整備機構 理事長
1956年、鹿児島県生まれ。東京大学法学部卒。1981年4月通商産業省（当時）入省。2010年7月中小企業庁次長、11年8月経済産業省大臣官房商務流通審議官、12年9月同大臣官房商務流通保安審議官、13年6月日本政策金融公庫代表取締役専務取締役・中小企業事業本部長、15年7月中小企業庁長官を務め、16年6月退官。16年11月みずほ銀行顧問に就任し、19年3月退職。同4月独立行政法人中小企業基盤整備機構理事長に就任。

木俣佳丈（きまた・よしたけ）

元参議院議員・ミッションコネクト 代表
アチーブメント株式会社 顧問
1965年、愛知県生まれ。一橋大学卒業後、経済団体連合会事務局に入局。その後、ジョージ・ワシントン大学公共政策大学院に入学し、98年、参議院議員選挙愛知県選挙区で当選。2005年に内閣委員会筆頭理事、参議院沖縄・北方特別委員長、08年には民主党参議院幹事長代理、09年に参議院経済産業委員長などを歴任。

残る意欲と力のある企業に活躍の機会を与えるサポートを

木俣　現在、日本では、年間7万社が後継者不足で廃業に追い込まれています。約250万社のうち125万社は、黒字にもかかわらず後継者未定で悩んでいると言われています。国の中小企業政策は「4つの類型」(注1)による多様性を確認し、成長を支援する方向性を明確化しています。

これからの事業承継の3分の1がM&Aになっていく中で、中小企業基盤整備機構は、独立行政法人として日本の中小企業の経営を支援する様々な事業に取り組んでおられますが、最初に官の立場からM&Aの必要性についてどのようにお考えかお聞かせください。

豊永　日本の中小企業は数が多すぎるため淘汰されてしかるべきだとお考えの方も一部いらっしゃいますが、私はその立場に立っていません。OECD（経済協力開発機構）37か国のうち、日本は中小企業の数が多い国から数えて、アメリカ、イタリア、ブラジル、トルコに次いで5番目ですが、人口100万人あたりで見ると、アメリカ、ブラジル、スイスに続いて4番目に少ない国になっています。私の立場からすれば、中小企業が廃業していくのを看過するのは日本全体にとってもったいないばかりか、後に大きな禍根を残すのではないかと危惧しております。したがって、残る意欲と力のある人、事業者については、頑張る機会が与えられる、もしくは、そのリソースを一部でも残していくということが、雇用機会の維持はもちろん、技術、技能、ノウハウの伝承という意味でも、非常に大事だと思っています。日本経済の活力ということを考えると、新しく生まれる企業を一生懸命に育てながら、創業から少し時間が経ち元気がなくなっているところでまた勢いを取り戻せるようサポートするということが経済の活力につながる道だと思っています。

今、民間調査機関の報告によると、毎年の休廃業は約5万件に上ります。そのうちの倒産企業は数千件ですから、倒産ではないのに廃業を余儀なくされている企業がその10倍もあるということ。これは異常な状態です。その主要因が経営者の高齢化に伴う後継者不在ということならば、後継者の育成を手伝う、もしくは後継者がいなければ今日のテーマでもあるM&Aを使いやすいもの、身近なものとして提供することで、先ほど申し上げたような経済の活力を失わないようにしていくことは、私どもの責務だと思っています。

それから、木俣先生がおっしゃった4分類については、確かにグローバル展開、サプライチェーン、地域資源、生活インフラなど中小企業に対する役割・期待はありますし、それぞれその地域での重要性や国際的なサプライチェーンの中で、他の会社に代えがたい会社はいっぱいあります。基本は、残る意欲と力のある企業に活躍の機会が与えられるためにサポートしていく。そのための重要なツールがM&Aだと思っています。

仙石 今おっしゃっていただいた残る力がある企業に着目するという視点は、非常に重要だと思います。M&Aが経済合理性で動いているという点もあると思うのですが、「残る力がないけれども、文化的に国としても必要な企業」が廃業してしまうのは、国の財産が失われていくということでもあると思います。その辺りはいかがでしょうか。

豊永 私は、残る意欲と力のある企業はすべからくという立場に立っているわけですけども、今のご質問に対してわかりやすい例を挙げてお答えしましょう。たとえば離島や中山間地域のようなお店の数が少ないところでは、ガソリンスタンドもどんどん減っています。そこで、実際にその会社を他の人に引き継がせるように自治体が協力したり、またその地域の町内会が会社をつくって、ガソリンスタンドを承継したりするような動きがあります。これは、地域の自動車交通の要であるガソリンスタンドを、地域のコミュニティや地域経済に欠かせないものだと皆さんが認識しているからこそ生まれた動きだと思います。

口承伝統という点では、日本に数百ある伝統工芸の技能者がどんどん減っているのはみなさんご高承の通りで、経営者も含めて、その事業を担う人が減っています。文化や芸能、伝統の継承という意味でも、検討する点はありますけれど、M&Aは役に立っていくだろうと思います。

青木　社長になるのに、特に資格が必要というわけではないので、日本の中小企業の実情を考えてみますと、社長になりたいという人が社長になっています。本質的な経営がわからなくても、何か核となる価値をつくり出していく能力がある人が、ものをつくって、売って、管理するという経営に必須なプロセスの中で、会社を経営してきたと思います。そして、経済活動を通して社員を幸せにし、「顧客の創造と保持」というドラッカーの言葉にあるような経営の営みをずっと行ってきています。

現在、中小企業の経営者の引退の平均年齢が68歳以上になって、後継者の育成が後手になっています。私も実は今68歳です。47歳から新卒採用を始めましたが、入社17年目の橋本拓也が取締役営業本部長、入社16年目の高橋優也が取締役管理本部長と、後継者候補が二人育っています。つまり、人を育てるということは16年、17年とかかるわけです。短期間で人を育てようとしても、そんな甘いものではありません。

国のサポート体制は、経済面だけでなく、海外へのマーケットの拡張をはじめ社内整備のためのDX（デジタルトランスフォーメーション）など非常に手厚く用意されていると思っています。ただ、それを活用するための経営力を身につけることができていない経営者が行き詰まっているのです。問題が起きてから対処しようとする事後対応ではなく、問題が起きる前に先を見て事前対応をしていい仕組みをつくっていけたら、中小企業のこれからの未来は少し明るくなると思います。経営はやはり人が要ですから、私は採用と育成が、最も重要なテーマだと思って取り組んできました。

豊永　事業承継の話をするときに、組織の外から誰かを連れてきたり、ある日突然「君が後継ぎだ」と言えばバトンタッチができたりするようなイメージを持っていらっしゃる方が少なからずいるかと思います。実際に私どもが、担当部署で事業承継について話をするときの第一声は「時間がかかる」ということです。後継者を育てる、本人に得心させてバトンタッチするためには、伴走時間が必要になります。M&Aから離れて一般的な事業承継の話ですが、人を見守るということを考えると少なくとも10年はかかります。青木社長がおっしゃる通りです。実際にそういう統計調査も出ています。したがって、早い段階から人を育てるプランが必要だと思います。

それから、事業承継にとって重要なのは、これまでのやり方を踏襲して受け継ぐ人に代わるのではなく、新しい人、より挑戦する人、より新しい時代の技術や情報を得ている人にバトンタッチすることによって、ビジネスモデルが新しくなっていくということです。１００年、２００年続く老舗の菓子店も同じお菓子をつくりながらも製法を変えているし、消費者の嗜好に合わせて味や体裁を変えたりしています。そのように外部環境の変化に対応をして成長を続けるためにも、事業承継が重要だと思います。事業承継の肝は、新しい人、新しいアイディア感覚や、新しい技術を持った人に、この先の10年、20年の成長を託すということだと思うのです。そういう人がいないときには、会社を託す先として別の会社を選ぶ。別の会社というのは、全く違う会社もあるかもしれませんが、多くの場合はサプライチェーンの川上川下だったり、それから同業のスケールメリットを求めたりするので、必ずシナジーがあります。したがって、単なる人から人へのバトンタッチによるシナジーだけではなくて、明らかにスケールだったり、その内製化だったり、会社と会社が合わさることによるシナジー効果があるという面も評価すべきだと思うのです。

M&Aの役割分担は「実態面」と「機能面」に分けて考える

木俣　先ほど仙石先生が言われた言葉で考えさせられたのは、M&Aで「残る」、つまり、市場的にも残るM&Aと、さっきから言われている文化、伝統、技術、風土という意味も含めて、社会的なインフラとしても「残す」M&A、つまり「残る」と「残す」に分かれるのでないかということです。「残る」ほうは仙石先生が専門にやっておられますが、「残す」は世界中で前例がなく、日本がこれから一つのモデルになっていくのではないでしょうか。豊永理事長は中小企業庁長官、日本政策金融公庫代表取締役専務取締役、そして中小機構理事長と官の要職を歴任されてきた初めての方だと思います。そういう意味で、規模による役割分担といったことをどう考えておられるでしょうか。

豊永　規模によって役割分担は大きく違わないと思うのですが、実態面と機能面は分けて考えたほうがわかりやすいでしょう。実態面とは何かというと、どういった規模の会社のM&Aは、どういった人が仲介の労を取っているかということだと思います。これは法律があるわけではなくて、実態がそうなっているわけです。たとえば、売上が20億円、30億円ある企業のM&Aであればメガバンクが厭《いと》わずやるでしょうし、10億円前後だと地域金融機関が自前でお世話をする。3億円、5億円、10億円になると、市中のM&Aを生業《なりわい》とする士業の方々がいろいろお手伝いをするし、M&Aの会社も存在しています。そこに信用金庫の得意先の企業も含まれるでしょう。

中小機構が全国本部を担っている「事業承継・引継ぎ支援センター（以下センター）」（注2）で言えば、もう少し小さいところです。過日「M&A案件を受けるかどうかは、何によって決めているのですか？」と、ある大手銀行の担当者に聞いたところ、おおむね一つの案件に1年かかるとすれば、1年間案件に関わった職員たちの給与が払えて、プラスアルファが出せるような案件なのかどうかという、いわば人件費ベースで決断するということでした。したがって、より幅の大きい手数料が入るM&Aの契約に力を入れるというのが、実態なのです。最後のセンターが担当する案件は、実は（手数料が）無料です。お金を取ったら、そういう人たちはどこにも行き場がなくなってしまうからです。地域金融機関もM&A会社も士業の方々も「さすがにボランティアでやれない」ということだとすれば、放置されてしまう。そこをいわば国のお金を使って、救う機会をつくるということになっています。

機能という意味では、実は必ずしも規模は重要ではありません。無論それなりの売上の規模を持っていらっしゃる企業もありますが、経営者の中には、銀行が嫌いだという人もいらっしゃいます。その人を誰も相手にしないかというと、そういうわけにもいきません。そうすると、結果的に売上や資産のあまり大きくない企業であっても、センターで、相談を承りますということになります。機能から言うと、セーフティネットです。規模の大きさや業種に関係なく、他の市場メカニズムで相談ができる、もしくは救済される方々以外の何らかの事情でそういうところに行きにくい方々を見捨てない、相談に必ず乗るというラストリゾート（最後の切り札）の機能がセーフティネットとして必要だとすれば、私ども国の制度が出ていくという役割なのだろうと思います。

木俣　よく言われるように、一般論としてM&Aの成功、つまり時価総額とか会社の価値が上がるのは、3割ですよね。官側では、事業承継も含めて、M&Aが成功する基準、または残したい企業数など量的な目標というものがあるのでしょうか。

豊永　成功の目安、基準という話ですが、なかなか難しいテーマです。売上だったり、生産性だったり、スケールだったりするのだと思いますけど、そういう初期の目標を達成したということが一番わかりやすい成功の目安だと思います。しかし、人がかかわる話ですから、当然、思わぬ副産物もあるわけです。そういった意味で、予期せぬシナジーが得られたり、できれば避けたいですが予期せぬ副作用、副反応があっても、対処できたりするという意味で、結果、何とか乗り切れたというものも成功だと思います。ですから、ご本人たちから見て、期待を裏切らない結果を出すために、ご本人がまず一生懸命に頑張るわけですけれども、それでも敷いたレール通りにはいきませんから、それをサポートする必要があるでしょう。

先ほどのような実態的な分担関係で、担当された方がクロージングの後まで手当てされるのが望ましいと思うのですが、されない方もいらっしゃいます。本来、クロージングは手数料が入ったら終わりというわけではありません。先ほど申し上げた銀行なら銀行、コンサルの人ならコンサルの人、士業の人なら士業の人、センターならセンターが、「もう契約書の取り交わしも済みましたね。クロージングいきましたね。では、終わり」ではなくて、その後も「実は困っていることがあるんです」と相談があれば、それぞれの立場でケアするということが大事だと思います。

それが1年もしくは1年以上経って「もう定着した。従業員の間に違和感がなくなってきた。取引先との間にも戸惑いがなくなってきた」となったら、そこが本来のピリオドだと思うのです。そこまでを手を抜かないでやっていくことが成功の秘訣と言えば秘訣です。ですから、ある段階で成功した、しないというのはなかなか難しい判断です。

仙石　お話をうかがっていていくつか思った点があります。どうしてもM&A業者というのは仲介して、契約を結んで「じゃあ頑張ってください」と、いなくなってしまうケースが大半である気がします。そういう意味で、PMI（Post Merger Integration）と言われている段階でのお手伝いが、より重要になってくるということ。そして、その一方で国にどこまで頼るのかという点です。あまり頼りすぎてもいけないと思います。

まさにセーフティネットの役割を国が持つべきですけれど、先ほどおっしゃったように、老舗企業だからといって、国が全面的に支援するわけではなくて、まず自助努力をしてくださいと。たとえば、コロナがあったときに、コロナ禍に適するような変化を企業努力としてまずしていただく。そのうえで最終的に救う手段を国が持っているというのが、本来あるべき姿なのではないだろうかと、お話を伺いながら思いました。

青木　私は今、東京商工会議所の中小企業委員会の委員をやっていますが、いろいろな議題が出ています。最近問題意識を感じるのは、国に対しての要望も製造業中心に様々な施策が出てきていることです。しかし、現在日本の企業の7割はサービス業じゃないですか。サービス業の中心は人です。人の採用と育成が大切だとよく言うのですが、人の採用を考えたとき、ひと言で言ったら、魅力のある会社をつくらないと人は集まらないのです。ですから、この魅力とは何なのだろうと考えたとき、私は心理学的なアプローチを思い浮かべました。やはり重要なのは文化です。

ピーター・ドラッカーの名言に「文化は戦略を朝食にする（Culture eats stay strategy for breakfast）」という言葉があります。企業文化には、戦略を超えるパワーがある、戦略も企業文化の前では役に立たないという意味ですね。私は、人が育つ文化づくりをとても大事にしてきました。ですから、本当の企業の価値は、そこで働く人たちの内発的動機づけ、仕事の意味づけをしっかりと行って、それを承継することの中から生まれてきます。

M&Aによって同じ報酬を与えたとしても、トップが代わるだけで生産性は全く変わってしまいます。これは小さな企業の中の組織でも起こるわけです。財務的なものにとどまらず、何を承継したいのか。どうやったらこの会社はさらに発展していくのか。大事なことはデザインです。それを私の言葉で言えば、人を大切にする「人軸経営」ということになりますが、M&Aを考えている経営者の方にはそういうところを考慮していただきたいと思います。

木俣　今、青木さんが言われた文化に対応するものとして、文明という言葉があるとするならば、司馬遼太郎が言うように、文明というのは結局上から下に流れていきます。文明は経済的価値、経済的合理性が重視されます。一方、文化とは何かと言うと、私の考えでは安心ということになり、社会的価値の側面が重視されると思います。極論すると、文化には非合理なところがあります。

今までアメリカやイギリスでやってきたM&Aの中心は、やはり経済合理性であったと思います。そうではない社会的価値というものを、つまり、文化というものをどう残すか。先ほど豊永理事長がおっしゃったように、たとえば、今でも和菓子は世界的に高い評価を得ています。抹茶なども同様です。伝統芸能も含めて、我々が子どもの頃だったら見捨てていたようなものを実は世界が認めている。そういった文化をどうしていくか。結局、人というところに行き着くのですが。その辺りを、豊永理事長はどう考えておられますか?

豊永　文化と文明については、木俣先生がおっしゃった通りだと思います。合理性を追求する文明と不合理性を維持する文化の関係は、時代の流れとともに少しずつ風化することはあるし、変化していくこともあるだろうと思うのです。今回のテーマであるM&Aにつなげて考えると、最近「4つのX」ということを個人的に考えています。デジタルトランスフォーメーションのDX、ビジネストランスフォーメーションのBX、グリーントランスフォーメーションのGX、最後がEX。EXは電気ではなくてエクスポート、ものを輸出することです。インバウンドはサービスの輸出ですね。このEXも追求すべきだと思います。これは、いずれも利益、経済合理性を追求すると避けて通れないという意味での、挑戦すべきトランスフォーメーションです。

世の中を見ますと、また、成功している経営者と話をしていると、利益、経済合理性は利益、経済合理性として追求し、和魂洋才（日本の文化を大切にしながら、海外の優れた文化を積極的に取り入れていく）で言えば洋才の部分ですが、和魂についても重視されてきていると思います。和魂に当たる部分は何かというと、今風の言葉で言うと人権、SDGs、ウェルビーイング(注3)といった言葉になるのですが、昔は「三方良し」というヒューマンな表現をしていました。これらは数量化しにくいわけです。経済合理性から抜け落ちてしまう安心・安全、心地良さというような数量化できない部分が、事業を行う基盤としての集団、チームをつくるときの要諦として非常に意識されているのではないでしょうか。

したがって、改革というのは、文明の範疇に属すると思われますが、単に個人的に人権が大事だからということではなくて、一家、仲間、お友達をどう大事にするか、そこを忘れるとチームでも会社でも上手くいかない、長続きしないという気がするのです。

社長から同族の後継者に交代する伝統的な親族内承継ですと、チーム力はそう変わりません。それでも、生産性や売上が上がったりします。ところが、M&Aの場合、組織から組織へのバトンタッチなので、必ずしもスムーズに交代できるとは限りません。通常の親族内承継なり、従業員への事業承継といった一個人としての事業承継とは別に、組織の事業承継だからこそ、通常の5倍、10倍気をつけなければいけません。それがPMIの意義ですし、PMIに至る前の経営者と従業員の最後の局面において十分に話し合いをしてから、売り手と買い手のオーナー同士のお互いの意思を深く理解し合うしっかりとしたタスキ渡しが非常に大事だと感じています。

青木　本当にその通りだと思います。実は私は、今回ある会社のM&Aを仙石先生にご紹介したのですが、何を最も大事にしたかと言うと、社員を幸せにしたいという創業経営者の想いです。ですから、仙石先生と一緒に選んだ会社は、その経営者の価値観に最も一致した会社でした。M&A後は、とてもいい形で推移しています。一番高く買ってくれるであろう会社を選んではいないのです。

仙石　２００年以上の歴史がある会社の社長が、「暖簾《のれん》は血よりも濃い」、つまりその会社を守るためにあえて親族以外の人にも経営を託していくということをおっしゃっています。文化的なもの、人とのかかわりといったものが暖簾という言葉にまとまって、これを継承していくことが非常に重要なのだと思います。

Ｍ＆Ａという言葉自体が「Mergers and Acquisitions」と、海外から来ているものであることからもわかるように、今のＭ＆Ａは、元々海外から来たもので、これが本当に日本になじむのだろうかという本質的な問題があります。我々も実務をやっていると、２ヵ月あるいは3ヵ月で会社を売却せざるを得なかったり、１ヵ月足らずで調査を終わらせて契約に至ったりするケースが結構多いのです。この短い期間の中で暖簾の承継と言われても、限界があります。その会社の方たちの想いが全部忘れ去られて、「もっと安く買えないの」とか「こっちはもっと高く売りたい」という、経済合理性の判断軸だけが最後に残ることがままあるのです。青木先生がおっしゃるように、本来は人の問題が最も重要なのですが、Ｍ＆Ａが進めば進むほど、そのことが経済合理性にかき消されてしまいがちなのです。ここが非常に難しいところだと思いながらお話をうかがっていました。

豊永　私は、最後におっしゃった経済合理性というのは、本当に合理的なものなのかと問いたいです。その瞬間の手数料の利益とか、時間の節約という短期的なメリットばかりに目が行きがちです。どこが成功の基準かと言うと、やはりクロージングとクロージング後のケアです。本来、長期的な視点に立ち、渡した後のことまで含めて「これはハッピーなM&Aかどうか」と判断することが大切だと思います。そこから顧みたときに、本当に合理的なのかということを考えてみる必要があると思います。

仙石　青木先生とご一緒した案件は、M&Aまで1年ほどかけました。経営者同士にもお互いを理解し合っていただくために、きちんとお会いいただく機会を設けました。本来は1ヵ月とか2ヵ月とかで決めるようなお話ではございませんので。M&Aも結婚もそうですけど、お互いがお互いのことを理解しないまま話を進め、後で破綻してしまうケースがよくあります。

日経新聞などにも、M&A後の減損会計の記事が出ていますが、まさにあれはM&Aの失敗です。今のM&Aは、どうしても締結までを短期間で進めがちで、我々のところにも調査を1週間でやってくれといった依頼が来ます。そういう意味では、その本来のM&Aの姿が、日本的な経営の部分とはちょっとズレてしまっていると感じています。

木俣　私もそう思います。理事長がおっしゃったことを少し掘り下げさせていただくと、明治になって「和魂洋才」という言葉を多くの人が語りました。その後、吉田茂元首相は「洋才なら洋魂になるに決まっているじゃないか」と、言ったわけです。M＆Aもそういうことだと思うのです。これからどうするかということを、考える局面に来ているのではないかと思います。

豊永　確かに洋才だと思いますけれども、道具は使いようだと思います。ですから、M＆Aには必然的に悲劇というか、ドライな部分が不可欠だと断定しないほうがいいのではないでしょうか。むしろその使い方で、新たな発展をつくり出し、従業員にとってもより良い働きの場所を与えることにもなります。我々が意識すべきは、M＆Aを使わざるを得なかったときに検討するのではなくて、事前対応としてそれをどのように活用すれば今よりもっと良くなるかということを前もって考えておくことだと思います。

事業承継・M＆Aの問題を支援する官民の機関を活用する

木俣　M＆Aを進めるプロセスにおいての官民の役割分担ということについては、理事長はどのようにお考えなのでしょうか。

豊永　あるべき論の前に、今どういう状態にあるかということを先に申し上げると、まず人材育成という点では遅ればせながら、官の場でも民の場でも人の育成が大事だと認識しています。必ずしもみんなが同じ状態のM＆Aをやっているわけではありませんが、現在、雨後の筍のようにM＆A案件が発生しています。そのため、それにかかわる人材が重要なのです。そこで官ができることという意味では、センターの中で登録民間支援機関の人材に、センターの行うM＆Aの業務に実際にかかわるような案件をお願いしたり、参画をしていただいたりして、実務の経験を増やして育てていくということが始まっています。一方で、２０２１年10月に一般社団法人M＆A仲介協会という人材育成を謳う組織も生まれています。M＆Aに対処できる人材を育てることで、売り手企業も、買い手企業も、全員がハッピーになる度合いを高めるという意識でそれぞれ動き始めています。

出会いという意味では、相談もできずに悶々と悩んでおられる方に、どのようにして相談の機会に手を伸ばしていただくか、もしくはそういう機会があることを知らず一人で抱え込んでいる人にどう気づいてもらうかということが大事になります。これは、センターに来る来ないにかかわらず、商工会・商工会議所、または私どもが、年間20万人の中小企業者の方々に「そろそろ事業承継をお考えになるタイミングではありませんか」と、プッシュ型の気づきを促しています。1回では上手くいかないのですが、繰り返し実施することで、金融機関に相談される方や仙石先生のような専門家の方々に相談される方が現れています。相談相手がいない、お金があまりないという方もいらっしゃいますから、いろいろな方々のところに行けるように国は支援しています。今、数千人と言われるM&Aにかかわられる方に対し、様々な働きかけをしています。金融機関も泣き寝入りしている方々に働きかけているはずですが、国の機関も民間のコンサル業の人も同様に、そういった方々に直接情報提供して、相談する勇気を与えることが重要だと思います。

M&Aの場で言うと、先ほど人材育成について説明しましたが、全部をセンターで完結させる必要はないと思っています。センターにもキャパシティがありますから、もっと頼りになる人がいればその人に託すということです。今も「名前を伝えてもいいよ」とおっしゃる方がいたら、民間のプラットフォーマーと言われる人たちにおつなぎするケースも出てきています。センターで囲い込む必要はなく、いろいろな民間の優れた方々にも相談し、コンサルサービスを提供していくことは今も行っていますし、途中からそういった方にバトンタッチすることはよくあります。調べてみますと、2021年度のセンターのM

&A成約件数のうち14％ぐらいがそういう案件になっているようです。

最後のPMIに関しては、この前、中小企業庁から中小PMIガイドラインが出されましたが、実は主役はセンターではありません。残念ながら今はセンターは、クロージングまでしか担当していないので、ここから先はコンサルの方々、銀行の方々にずっと伴走してほしいと思います。それでお困りになったら、第二の門を叩けばいいと思いますし。センターが全く対応しないというわけではなく、もしもう一度ご相談に来てくださったなら、そのときは出ていくのがいいと思っています。ただ基本的には、ケアされる方々が有料で、もしくは普段の取引の中でサービスを受けていく必要があると思います。そういう意味で、分担というよりは、選択の幅を広げていって、一番フィットした組織、自分に合ったスピード感、出せるコストに見合った方法を選んでいく。しかもクロージングの後に、誰もが見向きもしないのではなく、仙石先生がおっしゃったように、ここからが後半戦ですと、ちゃんとケアできるような体制を（現在、実態的に言うと民の方々になると思いますけども）つくっていくことがセーフティネットだと思います。

仙石　おっしゃる通りだと思います。M&Aにおいても、本来会社を安く買うことが成功ではないと思っています。一緒になってM&Aをし、その後の成功に導いていくということとが本来一番大事なところです。理事長がおっしゃるように、官民一体となって、M&Aの成功を一緒に支援していく仕組みづくりが非常に重要だと、私も思います。

青木　これまで多くの中小企業の経営者を見てきましたが、長期的視点に立った経営をしていないことが、行き詰まっている主要因として挙げられます。私は、魚を与えるのではなく、魚の釣り方を習得させることが大事だと思っています。ですから、経営者も国に対しもっとこうしてほしい、ああしてほしいと要望を出していきましょうと言っています。たとえば、自分自身が経営者としてどのくらい経営能力を高めているかがわかる診断テストのようなものを国につくってもらいたいと考えています。これで自分が何点取れたら独立できるとか。私は、経営者は最初に資質が問われると思っています。

資質とは先天的なもので、遺伝子的な要素が大きいので、変えることができません。経営者は一度、資質という観点から、自分が経営者にふさわしい人間かどうか考えてみるといいと思います。

官民連携してやっていくことが重要なテーマ

木俣　それでは理事長から順番に、ラストメッセージをお願いします。

豊永　全体を通してと言うと、今日はテーマがM&Aで、必ずしも事業承継全体ではなかったのですが、今や事業承継の3分の1は第三者承継となっています。やはりこれだけの方々が活用するのだったら、活用するときの留意事項を示しもっと使いやすくしていく、使いやすいと思わせる環境を整えていくことが大事だと思います。それが不安を払拭し、利用効果をより高めることにつながるからです。今、少しずつ実績が積み上がりつつありますし、多彩な人材も育ってきています。これらが円滑に進むことを期待します。日本の大事な文化だけではなくて、人の暮らし、それから日本の企業が得意とするものづくり、おもてなし、そういったことを絶やさずに承継していくことにつながればと思います。

仙石　今日お話をうかがって共感する点が多々ありました。国ばかりに頼るのではなく、まずは自発的に企業が頑張らないといけないという点もあります。M&Aは、事業承継の中の一つのテーマであって、ＰＭＩなどトータルで成功に導いていくことを官民連携してやっていくということが非常に重要なテーマだと、今日改めて認識させていただきました。ありがとうございます。

木俣　これが本当に新しいＭ＆Ａの出発点になると思います。

豊永　今まではどちらかというと救済型のＭ＆Ａが、事業承継から来るＭ＆Ａの典型例だったのですが、最近はセンターでも買い手のほうがどんどん増えてきていて、ビジネスのチャンスとしてのＭ＆Ａということを考える人が増えています。Ｍ＆Ａをどちらのサイドから見るか、どういう局面で活用するかということです。先ほどものは使いようだと言いましたが、それぞれの目的に達する道具としてもっと身近なもの、抵抗感のない使いやすいものになるといいと思います。

青木　本日は本当にありがとうございました。豊永理事長の愛情深いお人柄が伝わる非常に深いお話でした。

注1：中小企業白書（2020年版）は、中小企業・小規模事業者に期待する役割・機能を、①グローバル展開をする企業（グローバル型）、②サプライチェーンでの中核ポジションを確保する企業（サプライチェーン型）、③地域資源の活用等により立地地域外でも活動する企業（地域資源型）、④地域の生活・コミュニティを下支えする企業（生活インフラ関連型）の4つの類型に分類した

注2：事業承継・引継ぎ支援センターは、国が第三者への事業承継、すなわちM&Aを支援する組織として創設され、現在では親族内承継も含めた事業承継・引き継ぎ支援のワンストップ機関として中小企業経営者のサポートを行っている。中小機構では、「中小企業事業承継・引継ぎ支援全国本部」として47都道府県に設置されている「事業承継・引継ぎ支援センター」のサポートを行っている。中でも「第三者への会社（事業）の譲渡」についての相談が多く、ケースによっては実際のM&Aの実行支援まで行い、円滑な事業のバトンタッチを支援している

注3：厚生労働省はウェルビーイングを「個人の権利や自己実現が保障され、身体的、精神的、社会的に良好な状態にあることを意味する概念」としている

おわりに

青木 仁志

「経営の目的は利潤の追求である」という考えを前提にした経営と「経営の目的は縁ある人を幸せにすることである」という考えを前提にした経営とでは、企業の繁栄に差が出るのは当然のことです。

そして、経営の目的は経営者の思考から生まれます。

本書の中でも皆さんに、
「仕事の中に人生があるのか」「人生の中に仕事があるのか」
という問いを投げかけました。

前者の生き方では、自分と周りの人を幸せにはできない事例が多いと思います。

私は20代、30代は仕事の中に人生があるという生き方を貫いてきましたが、40代になり家族ができ、人生の中に仕事があるという生き方にシフトし、大切なものを大切にするという生き方を貫いてきました。

その結果、私は家庭においてもビジネスにおいても、すべての面で満たされた人生を送ることができています。

経営者である前に一人の人間として家族、社員、顧客といった縁ある人を幸せにすることを求めれば、おのずと経営の目的も定まってくることでしょう。

本書のテーマとして扱ってきたM&Aは、あくまでも「経営の目的を遂げる手段」のひとつです。私は、経営の目的である縁ある人を幸せにするために、M&Aという手法が存在するのだと考えています。

私も現在、自社の株の一部を、日本テレビ放送網株式会社に譲渡し、アチーブメント株式会社40期にむけて最後の仕上げに入っています。

経営の目的は縁ある人を幸せにすること。

この目的に、一点の曇りも迷いもなく、これからも経営に邁進します。

この本を手に取っていただいた方も経営の目的を見失うことなく、真の成功と幸福を手に入れていただければ幸いです。

おわりに

仙石実

青木さんと共著を出すのは、今回で2回目となりました。青木さんと再びタッグを組んで一冊の本を出版することができたことを、大変光栄に思います。

子どもの頃から私は、経営者である父に憧れ、自身も経営者を目指すようになりました。大学生の頃、経営者になるための本格的な準備として、経営に不可欠な会計の知識を身につけようと、会計士の資格を取得しました。資格取得後は、監査法人トーマツに入社し、約9年の経験を積みました。トーマツでの仕事には大変魅力を感じていましたが、元々が独立希望でしたし、お客様や周りの方に貢献したいという気持ちも強かったため、それを形にできるビジネスをしたいと思うようになりました。

仙石家の先祖が仙石秀久という戦国武将だったからか、自分自身も刀一本で戦う士《さむらい》のように専門家を目指したいという気持ちが強くなり、独立しました。

私のお客様である経営者の方々は、かなりの死地をくぐり抜けてきた歴戦の強者《つわもの》ばかりです。会社を経営していると必ず、いろいろなことが起こります。私はこうした経営者の方に対し、士《さむらい》業としての覚悟を持って向き合っていくことを独立当初からブレずに続けています。

専門家として「刀」を持って、一緒に戦う仲間を増やしながら、たくさんのお客様と向き合うことを考えてきました。今、成功している企業様に顧問として選んでいただけているることは、仲間と積み重ねてきた信頼資産の賜物だと思います。

南青山アドバイザリーグループは、2023年で10周年を迎えました。この10年の歴史は、一人では作ることのできないものです。一緒に刀を持って戦ってくれる仲間や、信頼してくださったお客様がいたからこそ迎えられた10年目です。歴史を振り返って、改めて、ビジネスにおいては、「人との縁」が大切であることを感じました。

私は、青木さんから贈っていただいた言葉である「縁ある人を幸せに」を人生の課題として掲げています。

今、自分がしていることは縁ある人々を幸せへと導いているのか。

常に自問自答しながら、行動するようにしています。それを心がけてきたことが、今のご縁や信頼につながっていると感じています。

今回の書籍のテーマであるM&Aも、売り手と買い手による「人との縁」で成立しています。

末筆ではございますが、M&Aの成功もご縁や信頼の上に成り立っているということを示し、あとがきとさせていただきたいと思います。

ありがとうございました。

仙石 実（せんごく・みのる）

南青山アドバイザリーグループCEO
公認会計士・税理士・公認内部監査人

AIPE認定知的財産アナリスト
2002年に監査法人トーマツ（現・有限責任監査法人トーマツ）に入所し、東証一部上場企業等の各種法定監査業務、株式公開支援業務、外部向け研修サービスに従事する。2013年、「専門性」「誠実性」「迅速性」を経営理念に、南青山FAS株式会社、南青山税理士法人から構成される南青山グループ（現・南青山アドバイザリーグループ）を設立。上場・非上場を問わず多数の取引先の会計税務支援を行うとともに、IPO、M&A、事業承継のコンサルティング業務において1000件以上の実績を積む。2020年には、日本を代表する会計事務所を表彰する「ベストプロフェッショナルファーム2020」に選ばれる。2023年、SaaS型ストックオプション管理ツール「ストックオプションクラウド」、および仮想株式を活用した業績連動型報酬制度「エンゲージメントストック」をリリース。

青木仁志（あおき・さとし）

アチーブメント株式会社 代表取締役会長 兼 社長
アチーブメントグループCEO

若くしてプロセールスの世界で腕を磨き、トップセールス、トップマネジャーとして数々の賞を受賞。その後、能力開発トレーニング会社を経て、1987年、32歳で選択理論心理学を基礎理論としたアチーブメント株式会社を設立。以降、人材育成と中小企業経営に従事し、その実績は前者は47万人以上、後者は7000名を超える。同社は、Great Place To Work® Institute Japanが主催する「働きがいのある会社」ランキングにて8年連続ベストカンパニーに選出（2016-2023年版、従業員100-999人部門）され、日本経済新聞による『就職希望企業ランキング』では、社員数300名以下の中小企業にて最高位（2014年卒対象就職希望企業ランキング第93位）を獲得。2022年11月より東京商工会議所議員企業として選出され、2023年1月より東京商工会議所における教育・人材育成委員会の副委員長、中小企業委員会の委員、イノベーション・スタートアップ委員会の委員を務める。現在は、グループ3社からなるアチーブメントグループ最高経営責任者・CEOとして経営を担うとともに3つの関連団体も運営。2022年より「教育立国推進協議会」に民間有識者として参画し、会長代行としても活動。2023年10月より、了徳寺大学の教養部とハリウッド大学院大学のビューティビジネス研究科にて客員教授も務める。著書は、40万部のベストセラーとなった「一生折れない自信のつくり方」シリーズ、松下政経塾でも推薦図書となった『松下幸之助に学んだ「人が育つ会社」のつくり方』（PHP研究所）、『経営者は人生理念づくりからはじめなさい』など累計66冊。

[アチーブメントのSNSはこちら]

■ 公式X（旧ツイッター）
@achievement33

■ 公式フェイスブックページ
https://www.facebook.com/achievementcorp/

■ 公式インスタグラム
achievement_message

中小・ベンチャー企業のための
成功するM&A 失敗するM&A

2023年（令和5年）11月4日　第1刷発行 ※

著者　青木仁志・仙石 実

発行者　青木仁志

発行所　アチーブメント株式会社
〒135-0063 東京都江東区有明3-7-18 有明セントラルタワー 19F
TEL 03-6858-0311（代）／ FAX 03-6858-3781
https://achievement.co.jp

発売所　アチーブメント出版株式会社
〒141-0031 東京都品川区西五反田2-19-2 荒久ビル4F
TEL 03-5719-5503 ／ FAX 03-5719-5513
https://www.achibook.co.jp

装丁・本文デザイン　轡田昭彦＋坪井朋子
編集協力　石井健次・鈴木翔子
校正　株式会社ぷれす
印刷・製本　株式会社光邦

ISBN978-4-86643-148-2